山东省本科教改项目(M2018B353)

仁侠青春

(第2辑)

郝书翠　主编

山东大学出版社
SHANDONG UNIVERSITY PRESS
·济南·

图书在版编目(CIP)数据

仁侠青春.第2辑/郝书翠主编.—济南:山东大学出版社,2022.1

ISBN 978-7-5607-7218-9

Ⅰ.①仁…　Ⅱ.①郝…　Ⅲ.①大学生—思想政治教育—中国　Ⅳ.①G641

中国版本图书馆CIP数据核字(2022)第004212号

责任编辑　张晓林
文案编辑　刘晓燕
封面设计　张　荔

仁侠青春

RENXIA QINGCHUN

(第2辑)

出版发行	山东大学出版社
社　　址	山东省济南市山大南路20号
邮政编码	250100
发行热线	(0531)88363008
经　　销	新华书店
印　　刷	济南华林彩印有限公司
规　　格	720毫米×1000毫米　1/16
	13.25印张　197千字
版　　次	2022年1月第1版
印　　次	2022年1月第1次印刷
定　　价	48.00元

目　录

知史爱党　知史爱国

一条大河波浪宽 …………………………………… 李梦真(1)
观《血战湘江》有感 …………………………………… 肖丽珍(3)
未破土时先有节,入云霄处也虚心 …………………… 刘　扬(5)
林道静的青春 …………………………………… 吕　靖(8)
唱响新时代的歌谣 …………………………………… 赵　薇(10)
读《可爱的中国》有感 …………………………… 陈苏欣然(12)
去时少年身,归来捍国魂 …………………………… 工贺文(14)
少年觉醒,继往开来 …………………………………… 谭新莹(16)
旧日热血,滚烫至今 …………………………………… 滕　翡(18)
向群雄折腰,续觉醒华章 …………………………… 孔艺真(20)
弘扬英雄精神,凝聚奋进力量 ……………………… 孟　霞(22)
致敬伟人,展望未来 …………………………………… 杨爽昕(24)
不朽的民族魂 …………………………………… 赵　薇(26)
燕双飞,画栏人静晚风微 …………………………… 刘　扬(28)
这个时代需要英雄 …………………………………… 景载喻(31)
时光飞逝,永怀不朽 …………………………………… 张苏云(33)
天眼之父——南仁东 …………………………………… 郭昊林(35)
"五四"沧桑,荡气回肠 …………………………………… 曾　森(37)

中华深植我心 …………………………………………………………… 刘佳艺(39)
让抗美援朝精神的旗帜在祖国大地高高飘扬 ………………………… 王鹏宇(41)
献给抗美援朝英雄的赞歌 ………………………………………………… 王依睿(43)
一份璀璨,一份使命 ……………………………………………………… 张丽淑(45)
立身护国,尽己之责 ……………………………………………………… 孟家豪(47)
胸怀千秋伟业,恰是百年风华 …………………………………………… 何金原(49)

品味家国情怀　上好大思政课

马克思是个"好医生" …………………………………………………… 丁语嫣(51)
将生命释放于远山长空 …………………………………………………… 肖思清(53)
理想永不磨灭,奋斗永无止境 …………………………………………… 董　诺(55)
一个高尚的人——白求恩 ………………………………………………… 李晟邦(57)
做新时代的螺丝钉 ………………………………………………………… 李　丹(59)
让劳模精神不断发扬光大 ………………………………………………… 孟　霞(61)
一座永远矗立在人民心中的丰碑 ………………………………………… 刘璐瑶(63)
永不换岗的英雄 …………………………………………………………… 沈　莉(65)
向脱贫攻坚战中的英雄们致敬 …………………………………………… 王依睿(67)
沉痛送别"中国核司令"程开甲 ………………………………………… 陆勇作(70)
致敬南海高脚屋里的铁血男儿 …………………………………………… 吴沁妍(72)
乘风破浪,不负深蓝 ……………………………………………………… 张　蓓(74)
向英雄致敬 ………………………………………………………………… 张先赛(76)
致敬生命的"摆渡人" …………………………………………………… 王依睿(78)
以我们的"新"方式向国家英雄致敬 …………………………………… 李晓夏(81)
致敬"普通人" …………………………………………………………… 宋思怡(83)
月是故乡明 ………………………………………………………………… 赵梦阳(85)
不屈的舰队 ………………………………………………………………… 段瑶光(87)
历史有声,明我得失 ……………………………………………………… 陈晓琳(89)
不可忘却的记忆 …………………………………………………………… 单晨宇(91)
历史的动人之处 …………………………………………………………… 廖颖颖(93)
信仰为刃,无往不利 ……………………………………………………… 王文静(95)

以青春热忱之心，传百年历史之薪火 …… 殷雨桐(98)
游刘公岛感想 …… 张先赛(100)
行走的爱国之心 …… 李方政(102)
经典诵读大赛观后感 …… 于溯洄(104)
唱支山歌给党听 …… 平佳璐(106)
思政课的现实意义 …… 张宸瑞(108)
一笺一意一种情 …… 廖颖颖(110)
初　心 …… 战聪聪(113)
感受榜样力量 …… 王梦潇(115)
每一帧都有力量 …… 沈　莉(117)
浴火重生的中国 …… 张　洁(119)
志合者，不以山海为远 …… 冯新晰(121)
《信仰》读后感 …… 袁一博(123)
母爱似春晖，温暖青格里 …… 周天琦(125)
坚持，像钻石一样珍贵 …… 林宇辰(127)
好莱坞影视与中国大片 …… 于英琦(129)
读史有感 …… 李佳容(131)
刀光剑影里的诗词卷轴 …… 刘致奥(133)
王昌龄的边塞情怀 …… 李靖远(135)
侠之大者，金石为开 …… 辛华钰(137)
嗅一缕薄荷香 …… 姜尚彤(139)
说　雪 …… 张　洁(141)
人间自有真情在 …… 徐含笑(143)
为爱行千里，共筑团结梦 …… 于晓雨(145)
缝纫机的变迁 …… 杨丰羽(147)
豫北古城70年换新颜 …… 康　喆(149)
我的“村村通”记忆 …… 刘润泽(151)
百年航母梦 …… 魏东来(153)
星途漫漫，火星逐梦 …… 刘欣茹(155)
改变世界的中国人 …… 张天浩(157)

我为祖国升国旗 …… 肖丽珍(159)
中华民族的爱国基因 …… 张先赛(161)
人民,唯有人民 …… 付小庆(163)
从大国责任看中美发展 …… 李佳璇(165)
清澈的爱,只为中国 …… 周容丞(167)
萧瑟秋风今又是,换了人间 …… 胡月楠(169)
大国崛起,且听龙吟 …… 刘芊睿(171)
从教育制度看中国的优势 …… 刘润泽(173)

青春是用来奋斗的

自律即自由 …… 黄永康(175)
我们为什么要努力 …… 王雪卿(177)
拒绝“佛系” …… 石　畅(179)
拒绝怠惰 …… 陈凯亮(181)
拒绝手机依赖 …… 孙怡欣(183)
向前奔涌的“后浪”不“内卷” …… 马可云(185)
让信仰的光辉照亮前路 …… 陈梓钰(187)
伴信念之歌,攀理想之巅 …… 王力鑫(189)
同少年中国一起,不负芳华 …… 王昊男(191)
新时代青年的家国情怀 …… 许　晴(193)
芳华系家国,山河谱长歌 …… 贾敬欣(195)
中国精神与榜样的力量 …… 屠惜缘(197)
热血青春洋溢,中国青年勇担当 …… 刘春龙(199)
青年正当时,复兴担己任 …… 刘一涵(201)

写在后面的话 …… (203)

一条大河波浪宽

李梦真

（山东大学翻译学院 2018 级翻译专业）

2019 年 5 月 17 日，CCTV 6 电影频道应观众要求，临时改变播出计划，在晚间黄金时段播出抗美援朝电影《上甘岭》，引起轰动。时隔多年，《我的祖国》的旋律再一次响彻黄河上下、大江南北。

在 2019 年 5 月 13 日的新闻联播刊播《国际锐评：中国已做好全面应对的准备》四天之后，《上甘岭》的播出颇有深意。而《我的祖国》更唤起了国人的集体记忆，激发了广泛的爱国热情。微博上、网站上，铺天盖地的留言弹幕都表达着对祖国的热爱。

一首歌轰动如此，恐怕并不多见。而这不是这首歌第一次引发热议。几年前，龙应台的一次演讲，让这首歌意外上了新闻。演讲是关于歌和时代的，演讲中，她问台下听众："你们有一首启蒙的歌吗？"香港浸会大学的副校长周伟立用并不十分流利的普通话回答说，自己的启蒙歌曲是他进大学的时候很多师兄带着他们唱的《我的祖国》。

龙应台显然有些意外，她问道："真的？《我的祖国》怎么唱？头一句是什么？"

台下响起了《我的祖国》的歌声。声音渐渐整齐，渐渐洪亮，最终，全场高声合唱着，场面令人动容。

龙应台后来在文章中说，原以为大陆人会有代沟——也许年轻人不太会唱,但发现年轻人一样纯熟地唱;原以为香港人可能不太会,但发现香港人能唱的也很多。

歌曲记录集体情绪,见证历史,却不拘泥于历史,而是冲破时代桎梏永远熠熠生辉;大河不只是大河,稻花更不只是稻花,那是中国人的集体记忆,那是我的祖国。这首歌耄耋老人会唱,中年人会唱,青年学生也会唱。大陆人会唱,港澳台同胞、海外华人华侨也会唱。它从未埋没在历史的长河中,它从未拘泥于不同的地域。相反,每个中国人都在骨血里镌刻着这段旋律,心中都装着那条大河,那些稻花,装着我们的祖国。

今时今日,CCTV 6 让观众重温《上甘岭》。抗美援朝,那群最可爱的人用生命和鲜血铸成了钢铁长城,用小米加步枪打败了野心狼。有人说,抗美援朝志愿军所打的仗,是有一百个理由都不能打的仗。然而这一战,中华儿女打败了世界上最强大的对手。如今,中美贸易战剑拔弩张,保家卫国的重任落到青年一代的肩上。面对美国的层层压力,中国没有怕。在年轻人居多的哔哩哔哩(B 站)上,《我的祖国》播放量再创新高。有人在下面评论道:"70 年前,那么艰苦的情况下,我们都挺过来了。如今只是打一个贸易战,倘若怕了,怎么对得起先烈!"

一条大河绝不只是一条大河,它是中国人的集体记忆,是"我的祖国"。让人欣喜和自豪的是,越来越多的青年已经深刻认识到:没有大国崛起,哪有小民尊严!皮之不存,毛将焉附?国家风雨飘摇之时,小民尊严何从谈起?南京大屠杀时如何保证小民尊严?君不见叙利亚战乱迭起,难民四处漂泊,其他国家大门紧闭,纷纷避之不及,何谈小民尊严?而中国,正因为国力强大,国家富强,也门撤侨才能展示出"中国速度",才有了湄公河行动、红海行动,国家力量从国内到国外保护人民。

70 多年前,那些胸怀壮志的青年,盘坐在山洞里,动情地唱着"一条大河波浪宽"。他们向往着,向往着开辟新天地,唤醒高山,改变河流的模样;他们唱着,唱着"朋友来了有好酒,若是那豺狼来了,迎接它的有猎枪"。

70 多年了,新天地已开辟,中国国力已不可同日而语。浸润了祖辈鲜血、散着稻花香的土地上,高山已觉醒,河流变模样。

只是,如今,我们的国际环境依旧严峻。但从前尚且不怕,如今又有何惧?

世事轮回,英雄不朽,精神不灭!

观《血战湘江》有感

肖丽珍

（山东大学机电与信息工程学院 2018 级机械设计制造及自动化专业）

无论遇到任何困难都不要放弃，人生如此，民族复兴亦是如此。

如果说 2017 年的《战狼 2》和 2018 年的《红海行动》已足够硬核，那么我相信，这部《血战湘江》也会使你感到热血沸腾。这部影片讲的是 1934 年红军 34 师官兵付出巨大牺牲奋力掩护党中央渡过湘江，成功突破封锁的悲壮故事。

湘江战役是关系中央红军生死存亡的一战，1934 年 11 月 27 日至 12 月 1 日，中央红军在湘江上游广西境内的兴安县、全州县、灌阳县与国民党军苦战五昼夜，最终从全州、兴安之间强渡湘江，突破了国民党军的第四道封锁线，粉碎了蒋介石围歼中央红军于湘江以东的企图。但是中央红军也为此付出了极为惨痛的代价。部队指战员和中央机关人员由出发时的八万多人锐减到了三万余人。

影片开头以战争开场，一封封电报从战争前线陆续传来。形势危急，人员伤亡惨重，武器不足，病情肆虐。而共产国际派来帮助中国共产党抗战的李德由于没有任何实战经验，只会纸上谈兵，加之博古的盲目追随，一度将红军置于水深火热之中。此时，身为苏维埃主席的毛泽东深知战士的不易，但苦于无法说服李德、博古等人。一路上，毛泽东领导红二军团披荆斩棘，风餐露宿、夜以继日地赶路。国民党的轰炸机时不时从头顶飞过，但红军丝毫不退缩，他们饿了就吃一点小米，伤痛难耐时咬牙坚持。毛泽东自己染上了疾病却把药分给战士，自己默默忍受痛苦。

这部电影最让我感动的地方我将它们归结为“五个一”。

一顶帽子。每位红军战士都有属于自己的一顶军帽，当战士牺牲时，这顶帽子便作为他们的信物交给他们的父母。在我看来，这不是普通的帽子，而是沾满了已故战士鲜血的帽子，是灵魂的象征。

一句话。这部电影中，除去战争中沉重的枪炮声外，最震撼人心的一句话便是“坚决执行命令！”红军没有了枪和炮弹，面对上级的指令，怀着保护大部队渡过湘江的信念，即使肉搏也要“坚决执行命令！”

一名战士。队伍中有一名老兵林德水，他从古田一直跟着毛泽东，红军的衣服都是他和缝纫组的同志一针一线缝制的。老兵有四个儿子，三个儿子都在行军路途中不幸身亡，老兵已经收到了三顶帽子，但他依然坚决让自己最小的儿子加入红军。因为在他的心里，只有跟着红军才有出路。

一个场景。行军到了最艰难的时候，一首客家曲“一棵腊梅千朵花，一盏红灯照万家”将情绪推入了高潮。

一份信念。支撑着红军们拼死渡过湘江的正是那一份对新中国的渴望与期待，是对人民、对党和国家的责任。

影片最终以毛泽东一行人顺利渡过湘江结尾。至此红军突破了国民党的第四道封锁线，中国共产党也终于迎来革命胜利的曙光。在红军渡过湘江的很长一段时间内，湘江地区的老百姓都流传着这样一句话：“三年不饮湘江水，十年不食湘江鱼。”历史是有情的，它没有让红军五万多将士的血白流。谁会想到，当初只剩下三万多人的中央红军，最后绝地反击，惊天逆袭？

“没有人是一座孤岛，我也想为你负重前行。”红军战士背负着夺取中国革命胜利、建立新中国的任务已经走了太多的路，流了太多的血。没有他们为我们负重前行，就不会有中国革命的胜利，更不会有新中国的建立。现在的我们在历史的新征程中，同样也面临很多的挑战。为实现中华民族伟大复兴的历史重任所要克服的困难，也绝不亚于战争的炮火硝烟。科技创新、军事发展、稳固中国在世界舞台上的地位是实现中华民族伟大复兴的必由之路。作为新时代的青年学生，历史的接力棒已经传到我们的手上，中华民族伟大复兴的重任更需要我们担当。无论遇到任何困难都不要放弃，再渺小的希望，也有无限大的可能。让我们传承先辈精神，为我们伟大的祖国负重前行！

未破土时先有节，入云霄处也虚心

刘　扬

（山东大学翻译学院 2017 级口译专业）

《难忘的岁月》用锦绣细腻的艺术手法向观众展现了陈云 1937 年从苏联回到延安，在毛泽东的领导和支持下创造性地开展党建工作的故事。当时的延安是抗日战争时期的革命大本营，是中国热血青年向往的革命圣地。影片再现了一批又一批像陈学昭、何穆、汪精英等爱国志士和热血青年不顾延安的艰苦条件，克服重重困难，不远万里为了理想和信念投奔延安、建设延安的动人场景。

在中国共产党的发展历程中，延安时期是党的力量迅速发展的重要时期，除了与陈云有坚定的共产主义觉悟，能够长期任劳任怨、刻苦学习、勤奋工作有关外，最主要的还是与他能够力排众议，创造性地实行“广招天下士，诚纳四海人”的主张分不开的。在毛泽东的关心和支持下，陈云在党的建设方面做了大量的工作，从理论到实践建树都很大。他在《怎样做一个共产党员》一文中，根据党的性质和当时的任务，比较完整地提出了共产党员的六条标准：第一，终身为共产主义奋斗。第二，革命的利益高于一切。第三，遵守党的纪律，严守党的秘密。第四，百折不挠地执行党的决议。第五，做群众模范。第六，学习。这些标准把“终身为共产主义奋斗”作为党员标准的核心内容，第一次明确提出党员要做群众模范的要求。陈云也确实给我们做出了表率和模范。他总结了中组部用人的十二字方针——“了解人、气量大、用得好、爱护人”，坚持“交换、比较、反复”。他最喜欢的植物是竹子，“未破土时先有节，入云霄处也虚心”。他虚怀若谷、谦逊平和，张开博大的胸怀接纳全国各地奔赴延安的人才，开办陕北公学，为我党培养了大批优秀党员和革命干部。据记载，陈云的7年组织部长生涯，先后教育和培养了40万干部，全国党员人数从4万发展到121万，有力、有效地支持和维护了毛泽东的正确主张和领导地位。他在艰苦卓绝的革命生涯中与毛泽东建立了惺惺相惜的深情厚谊。

影片中有几个片段特别感人。

场景一：毛泽东在演讲时将前来听演讲的高士其抬到了主席台上，向大家讲述了全民族抗战爆发后化学专家高士其第一个投奔延安，用了近一个月的时间，从上海经南京、汉口、郑州、西安，于1937年11月25日终于到达了革命圣地延安的故事，并告诉大家高士其是在一次研究脑炎病毒的过程中不幸被病毒感染才留下了终生不治的残疾。但病魔没有吓倒他，他忍着病痛坚持读完了医学的博士课程。为了抗日，他千辛万苦地来到延安，积极主动地参加了延安的各种抗日救亡活动，写出了一篇又一篇讴歌和介绍边区抗日活动的诗篇和文章。

场景二：高士其病了，陈云到疗养院看望，并将夫人做的枣泥和毛泽东送的猪油送给高士其。高士其提出了入党申请，在鲜红的党旗下，高士其颤抖的双手抚摸着中国共产党党旗，激动地流下了热泪：中国共产党将我当人，中国共产党就是我的再生父母，在这里我才找到了作为人的尊严！

这些动人的事迹将陈云在7年延安党建工作中的劳累展现得淋漓尽致，展现了毛泽东对陈云的关心和爱护，也将陈云的革命伴侣于若木引出，向观众们展现了他们相知、相识、相爱的生活和爱情，严肃中充满温馨。正如相恋时陈云向于若木的表白："你是老实人，我也是老实人，老实人在一起合得来，你愿意做我朋友吗？这是一辈子的事，请你想清楚后告诉我。"婚礼上陈云深情地说："今后的日子里我会像大哥哥一样保护好她，爱护她，爱她一辈子！"而于若木则含情脉脉地说："我敬佩首长的人品，我喜欢他。"洞房花烛，陈云和新婚妻子的话题也还是长征路上的第五次反围剿。

毛泽东在延安大学开学典礼上的道歉更是令人感动。这就是一个伟人的担当！陈云和毛泽东交谈，感觉到延安整风运动和审干运动有点过头时，毛泽东在延安大学开学典礼上主动作了自我批评，勇于承担责任，并当众脱帽鞠躬道歉，当时会场上响起了雷鸣般的掌声。中国有了这样的政党，有了这样的政党领袖和干部，我们的国家如何能不强大？

作为一名新时代的大学生，虽身处在国泰民安的和平时期，但一定不能忘记革命年代的艰苦岁月，要不断告诫自己什么是党员的标准，如何才是对党的忠诚、对事业的担当，怎样才算是有坚定的信仰；如何服从学校、组织安排，如何对同学关心、爱护和关怀；怎样学习才有意义。那就是要像毛泽东、陈云那样坚持不懈地看书学习，并将学习与具体实践相结合！

让我们带着为实现中华民族伟大复兴的中国梦不断前行，在日常学习、工作岗位上，在攻坚克难的紧要关头，敢于担当，学习陈云同志，学习他谦虚好学、脚踏实地的工作作风，学习他踏实进取、认真负责，学习他终身学习、与时俱进的理念。

未破土时先有节，入云霄处也虚心。

林道静的青春

吕 靖
(山东大学数学与统计学院 2018 级信息与计算科学专业)

有一种经典永远不会褪色,有一种精神永远不会被遗忘,有一种人永远值得被歌颂。诵读红色经典让我有了全新的阅读体验,其中经典人物和他们的经历更是值得我去仰望、去学习。

我最近拜读了杨沫的《青春之歌》,这篇小说是作家以自身经历为基础又进行艺术加工而写成的半自传小说。小说以 20 世纪 30 年代日本侵华过程中发生的"九·一八"事变到"一二·九"运动为背景,讲述女主人公林道静在这大背景下的经历并以此将读者的视线拉回到当年的场景。把书放下,脑海中也总时不时浮现它的结尾:"无穷尽的人流,鲜明夺目的旗帜,嘶哑而又悲壮的口号,继续沸腾在古老的故都街头和上空,雄健的步伐也继续不停地前进——不停地前进。"读完全篇,再看到这样"热烈的、充满未来和积极"的结尾,我有一种畅然的情绪:这就是那个时代知识分子成长的一生啊!

历史的车轮永不停歇,那个时代虽然远去,但留下来的书籍,哪怕以此为背景的小说,你也能从中窥一二旧时光景,探三五传奇人物。这里我要为大家介绍就是《青春之歌》的主人公、与我神交已久的林道静。林道静苍白但坚定的脸庞又出现在我眼前,仿佛她也和我一同在千禧年出生,一同见证东方巨龙逐渐从沉睡中觉醒的历史进程。道静是不幸的,她的母亲被地主林伯唐强迫做姨太太生下她,最后又被逼死。她的父亲破产抛下一大家子逃跑后,她又被继母徐凤英逼迫去嫁给胡局长。她愤然逃到北戴河投亲谋出路,没想到她表哥夫妇已辞职离开。后来她又被杨庄小学校长余敬唐欺骗。在走投无路的情况下，她选择投身大海，但被一直关注她的北平大学国文系的学生余永泽所救。都说遇见有两个名字，一曰“缘分”，一曰“劫数”。余永泽对道静来说，是一开始以为是缘分，最后却发现是劫数的那个人。真正的爱人之间应该有的是精神上的共鸣，但道静很快就发现了余永泽的自私和冷漠，在卢嘉川等爱国学生被捕后，她毅然决定结束二人的关系。“世人千万种，浮云莫去求，斯人若彩虹，遇上方知有。”很快，道静初步踏上了革命的道路。道静又是幸运的，她踏过了荒芜见到了万物。她也拥有很多的美好。林道静有王晓燕和她父母的关照，有北大众多大学生的陪伴，有卢嘉川和江华的爱，最重要的是有中国共产党的信仰支撑，有广大人民群众在党的号召下的支援。我和千千万万个阅读过这篇红色经典的读者一样，见证了林道静由小资产阶级知识分子成长为共产主义战士的全过程，并深受鼓舞。

全书又有三次以道静的“决裂”为转折点的小高潮部分。第一次是为求得个人解放，道静与封建家庭决裂（即逃离继母为她安排的亲事）；第二次是为争取民族解放，与小家庭决裂（在余永泽一次次反对道静参与游行活动的时候，二人的分开就成为必然，而在他将卢嘉川赶出去致其被捕后，两人的矛盾终于爆发，思想没有共鸣的伴侣注定无法长久，因此道静毅然决定与之分手）；第三次是为整个无产阶级的解放，与旧我决裂（在江华处学习了新思想，更全面系统地了解了中国共产党的方针、政策和战略），更加坚定不移地在中国共产党的领导下前行。

林道静的经历告诉我们，知识分子只有把个人命运同国家、民族命运结合在一起，才有真正的前途（这里的“前途”绝不仅仅指的是个人的前途，更是民族的、国家的前途），才能奏出真正的“青春之歌”。

最后，请让我再回到这本小说的末尾。仿佛看到游行的队伍从一开始的大学生扩展到各个阶层的人民群众，大家都在先进思想的指引下发出了“中国人要救中国人”的呐喊，我仿佛也置身于浩浩荡荡的游行队伍中，心里激动万分。

唱响新时代的歌谣

赵 薇
(山东大学文化传播学院2018级汉语言文学专业)

烽火硝烟的年代里,一群青年人将个人与国家民族的命运紧紧相连,以热血无怨无悔地在中华大地上谱写出一段高亢激昂的乐曲,这便是《青春之歌》。拂去历史的尘埃,在创作面世近半个世纪后,《青春之歌》仍然感召着无数青年投身于革命事业,在时代的洪流里书写属于自己的人生华章。

作者杨沫将人物放置于尖锐的革命斗争的漩涡中,通过深入而细致的心理、外貌描写,生动地刻画出那个时代知识分子和一代青年人的思想性格,展现了一幅真实的学生运动图景。小说主人公林道静出生于一个小资产阶级家庭,她幼年不幸:父亲在母亲生下孩子后将其无情抛弃。继母、继父、弟弟无一不在用拳头、冷言恶语伤害着她。最终,在被迫退学后,林道静义无反顾地逃离了这个足以让她疯掉的封建家庭。可是命运似乎并不想厚待她,出走后的林道静不仅经历了校长的阴谋骗婚,而且在自杀未遂被搭救后又身陷丈夫余永泽的婚姻围城。此时的林道静痛苦、迷惘,命运的牢笼似乎永远无法冲破……直到她接触到了以江华、卢嘉川为代表的中国共产党人。在他们的影响下,她逐步摆脱了家庭的束缚,勇敢地走上了革命的道路。

林道静在饱受家庭压迫后,没有选择继续在腐朽封建的温床里堕落,反而勇敢地走上了革命之路。即使在遭遇了阴谋和束缚后,仍然不悔其行,不向任何黑暗势力低头,她骨子里的执着与反抗支撑着她在黑暗中孑然前行,不断寻找光明。尽管困窘,她却从未想过再回到封建家庭的禁锢中。走上革命道路的林道静敢于摆脱旧思想的束缚,不断更新自己,显示了知识分子敢于批判、深入剖析精神。她在曲折中成长，走上了光荣的革命道路后，就以一种崇高的革命情怀投入学生运动。思想的障碍，身体的不适，都被她顽强克服。面对统治者的机枪，她可以高昂地抬起自己的头；她可以汇入时代的浪潮里，成为爱国进步青年中的一员，真正与国家同呼吸共命运。

正如西方哲学家帕斯卡尔在《思想录》中所言："人只不过是一根芦苇，是自然界里最脆弱的东西，但他是一根能思想的芦苇。"因为思想的力量，林道静和千千万万青年投入抗日爱国运动中；因为有思想，杨沫将现实经历与文学创作相融合，成就了书中主人公林道静的光辉形象。

林道静是广袤历史长河中的一个缩影，反映了近代社会中在党的指引下，从"九·一八"到"一二·九"时期学生运动的蓬勃发展。一代代青年人在中国共产党的领导下无畏地投身革命，并积极推动了历史发展，显现出了青年的强大力量。正像小说结尾所描述的那样："无穷尽的人流，鲜明夺目的旗帜，嘶哑而又悲壮的口号，继续沸腾在古老的故都街头和上空，雄健的步伐也在不停地前进——不停地前进。"是啊，一代人的青春终将逝去，但他们的丰功伟绩，他们在大街小巷留下的足迹，他们在城市上空留下的呼喊，他们在游行中流下的鲜血，他们的拳拳爱国之心……祖国不会忘记，人民不会忘记，历史更不会忘记，在历史的坐标上，历久弥新！

如果说《青春之歌》是对革命年代里热血青年的礼赞，那么当代的青年亦用奋斗抒写了一首新时代属于他们自己的"青春之歌"。"脚踏泥泞，俯首躬行，在荆棘与贫穷中拓荒。洒下的汗水是青春，埋下的种子叫理想"，秦玥飞扎根黑土地，践行着乡村振兴战略；"英雄归厚土，浩然天地秋"，杨科璋纵使自己在黑暗中陨落，亦用躯体护住了怀中的孩子……当代的青年延续着先辈的优良传统，在各行各业奉献着自己的力量，无愧于老一辈的托付，接过历史的接力棒，勇敢地担当起责任，他们的一篇篇感人事迹是这个时代最动人的歌谣！青年朋友们，让我们继先辈之情怀，乘时代之好风，用个人之睿智，为国家、为民族、为人民、为历史、为新时代奉献青春，唱响我们新时代的青春之歌！

读《可爱的中国》有感

陈苏欣然
（山东大学商学院 2019 级金融学专业）

方志敏先生，读过了您假托祥松之口写的信，我久久地沉默了。只有对祖国怀着满腔热爱的人，才能写出这么一封充满真情的信。您是一位伟大的革命者，您是千千万万爱国志士的缩影，您不用说激烈而豪迈的话，您只是把满腔的热血化作了一行行铿锵有力的文字，敲在了每一个中国人的心头。读罢，我久久地沉默，但我的心头却是波涛汹涌。

我沉默于自身的渺小，从来不曾有过像您一样的伟大成就；我沉默于中华民族彼时的黑暗，人民在列强欺压下，无法抬起头来生活。当您在这个黑暗的时刻燃起光明的熊熊烈火，我知道，在您掷地有声的呐喊中，我们祖国母亲曾流下的泪水不会白白地溶在每一滴落下的血水中。因为，她养育了像您这样刚强勇敢的儿女。

“真正为工农阶级谋解放的人，才正是为民族谋解放的人。”的确如此，只有为工农阶级解放而奋斗的人，才是真正有能力爱护祖国、拯救祖国的人！无数的无产阶级革命斗士为了让人民从帝国主义的欺压下解脱，冒着枪林弹雨、流着鲜血，也要高举着伟大的共产主义旗帜，与腐朽的地主阶级和强横的西方列强抗争到底。祖国母亲的怀抱里，却也滋生了“睡着不醒、着了魔的狮子”，他们看不清西方列强锋利而残忍的爪牙，为了一点点自身的利益，贪婪地和他们一起吮吸着祖国母亲的鲜血。方志敏先生，您骂得对！那些伏在恶魔周围，帮助他们蚕食祖国母亲的人，只是过着可鄙的人生。您写到的外国船上船工和水手欺负没钱买票的中国人的故事，我读后深感悲凉。此前我从没想过，有人对同胞竟能残忍到这个地步。那船工和水手不过是仗着洋人的势力,便觉着自己高人一等,竟然以折磨自己的同胞为乐,这难道不是一种天大的耻辱吗?仗着洋人势力的人们如此麻木不仁,那些官僚、那些压迫人民的地主反动派帮着外国列强用火炮屠杀中华儿女,更是何等的邪恶!

四处都是这样的欺压,四处都是兄弟姐妹的哀声,四处都是在无数败仗之后失去民族自信的低声叹气。但是,您和一众的无产阶级革命家们是相信中华民族的斗争力量的。在目睹了如此多的昏暗之后,您更坚定了革命的决心,您相信"欲求中国民族的独立解放,决不是哀告、跪求、哭泣所能济事,而是唤起全国民众起来斗争,都手执武器,去与帝国主义进行神圣的民族革命战争,将他们打出中国去!"您相信我们伟大的母亲有一天也会脱下破烂的衣服,穿上华丽的衣裳,立在人类的面前,"与世界上各位母亲平等地携手"。

您看到了吗?中华民族奋起反击了,勇敢的人民团结起来了,直把西方列强赶出了我们的土地,直把东洋鬼子吞并中华的阴谋粉碎,直把妄图维护地主阶级、压迫人民的反动派打得丢盔弃甲……山河换上了新装,共产主义胜利了!您对未来所期盼的,"到处都是活跃的创造,到处都是日新月异的进步"如今已经成为现实。如今的中华民族立在时代的潮头,搭起"一带一路"的桥梁,建设"自由贸易区"的枢纽,向世界宣告着新时代中国的强大与开放。

这个时代仍然存在许多问题。一些西方媒体戴着歧视和刻板的有色眼镜,中伤诽谤着我们;外国反动势力在新疆、台湾问题上频频挑衅,试图分裂我们的国土……我们新时代的中华儿女仍需砥砺前行,用我们的青春与爱国豪情,消除祖国母亲的每一处疼痛与每一个疾病。所有仍存在的"分裂主义"和"投降主义"都是我们要战胜的新的恶魔。中华儿女要时刻团结起来,不要让恶魔在暗处吸食母亲的血液。我们要用生命永远地爱护她!"敌人只能砍下我们的头颅,决不能动摇我们的信仰!因为我们信仰的主义,乃是宇宙的真理!"

希望在不久的将来,能让您看到稳定而繁荣的和平,不混着任何暗流的和平。是的,正如您对光明未来的期待,我们希望所有的丑恶都被美好代替,"生之快乐将代替了死之忧伤,明媚的花园将代替了暗淡的荒地"!

去时少年身,归来捍国魂

王贺文
(山东大学商学院2020级工商管理专业)

一个民族最深情的信仰,往往最痛彻地流淌于她的英雄身上。何谓英雄?我们都曾苦苦追寻。如果追问未解,那么或许这部电视剧能给我们答案。

《觉醒年代》记录了一个遍地哀鸿甚至卖子求生的时代,中华民族陷入腥风血雨的至暗深渊。不知道救赎在哪里,不知道生路在何处。人人自身难保的时代,又有谁能够力挽狂澜?

苍生涂炭,广厦将倾,却终究有人行歧路,逆大流,在蒙昧与垂死中发出呼喊,振聋发聩。眼前是各国怀着侵略的恶意,野心勃勃且来势汹汹,当大多数人都不抱有希望,却真的有人踏破死水——他们正走来,脚踏着血水与泥泞,泪眼望苍生。不忍无辜黎民沦为待宰的羔羊,故而慷慨前驱。哪怕明知所赴之途或许便将成为无归命局,哪怕明知可能是一场以卵击石的战役,同志的鲜血染在前夜,未亡之人携使命振长缨。于是我们看到无数个"他们"挺身而出,挑大梁,承大任,担大责:"他们"是陈延年,那个曾经意气风发的少年郎,戴着镣铐经过尸骨与血泊,用铮铮傲骨谱写青春的赞歌;"他们"是毛泽东,在穷途末路里劈开黑暗,掘出一条济世之途;"他们"是蔡元培,深谙大学之道,任乱世之盗火者,呼唤起每一个托举起民族重生希望的清醒者,为此竭力嘶吼,奋力怒搏;"他们"是李大钊——"为中国寻一条救国之路,是我李大钊毕生所求的";"他们"是每一个将国家命脉融入小我的同胞,太多太多的名字,引我们热泪盈眶。他们是华夏的儿女、民族的脊梁。"吾以吾血浇国土,换山河永固!"

从前的我不知何为"为中华之崛起而读书",不知建党意义之深重,直到听到毛润之讲:“不为什么”,“我为了他们,我为了他们,我为了他们!”他们是多少无辜的百姓,他们站在一起聚集起的图腾就叫作“中国”。这便是你我的国家,怎能不爱,又岂敢不爱!

热泪洒在深红色的土地上,亲吻祖先埋骨之地,男儿何辞血荐轩辕,敬我泱泱华夏,道一声“痛快痛快,且痛且快!”

或许这也是这部《觉醒年代》的意义,觉醒者的血脉将世代传承,无数的后辈站在这片土地上,致敬昔日先辈舍身相护的山河。

那些曾在寂寞里不惮前驱的先辈们,这盛世已如您所愿,你我都已看到,这条路的尽头,早已通往国泰民安。

少年觉醒,继往开来

谭新莹

(山东大学商学院 2019 级会计学专业)

“如今乱世,做我陈独秀的儿子,必先苦其心志,劳其筋骨,饿其体肤,空乏其身,行拂乱其所为,所以动心忍性,增益其所不能。”这是陈独秀对儿子陈延年、陈乔年的教育态度。

初看《觉醒年代》,便被陈独秀的儿子陈延年、陈乔年深深震惊:瘦小的身体背着比自己还重的麻袋,为了撒掉豆子的工人老贾挺身而出受罚,休息的时候只喝凉水吃发霉的玉米饼,但依然心怀善意,送碗中的小蚂蚁回到植物上……尽管一开始两人因为一些误会对父亲有很大不满,坚持不回家,也不接受家中接济,但种种磨难却也铸造了他们重情重义、自强不息的优秀品质。

陈延年为陈独秀长子,陈乔年为其次子,两人出生于安庆,先在安徽师范学堂附小尚志小学学习,后在全皖中学学习。他们从小认真读书,穷经究理,乐于学习新事物,满怀抱负,志存高远。1915 年,17 岁的陈延年与 14 岁的陈乔年前往上海求学,并分别考取了震旦大学(复旦大学前身),后来去法国、苏联学习深造。思想的转变,促使他们加入了共产党,最终成为父亲的“同志”。不幸的是,两人相继为了革命牺牲。牺牲时,陈延年仅 29 岁,陈乔年仅 26 岁。

“何为少年? 何为中国少年?”近年来,关于“少年”的讨论越来越多,延年兄弟向我们展示了少年应有的姿态:独立自强,凭借自己的力量生存;赤子之心,饱受苦难仍心怀对万物生灵的怜悯;精进不休,不断学习新思想,探索新道路;临危不惧,誓死忠于党和国家……在崎岖的革命道路上,他们年轻的眼眸里装着思想与梦,每一个脚印都坚实有力,向着光亮迈进。面对酷刑,两人皆坚贞不屈，严守党的秘密，英勇就义。临刑之前，陈延年傲然屹立："革命者决不下跪，只能站着死！"陈乔年坦然高呼："让我们的子孙后代享受前人披荆斩棘的幸福吧！"在他们身上，我看到了少年应有的模样，感受到了少年应有的意气！

也许有人认为，战争年代的英雄是环境使然，是重大的现实困难让他们觉醒，从而干出一番事业；而我们现在社会安定，自然难以再出现如革命先烈那般的优秀人物。但是，同在战争年代，为什么有的人在看到同胞受辱时依然只关心吃喝玩乐，而有的人却能为此斗争到底甚至舍生取义？"待文王而兴者，凡民也。若夫豪杰之士，虽无文王犹兴。"真英雄者，不等不靠，而是自己主动去改变、去创造，去用自己的力量积极为美好明天作贡献，他们早就具备了英雄的能力，待到时势来临，便可抓住机会，一展雄心抱负，实现人生理想。

周国平先生曾说，人生有三个基本的觉醒，即生命觉醒、自我觉醒和灵魂觉醒。从我们的生命诞生，到自我意识的形成，再到灵魂价值的追求，是一个不断觉醒、不断突破的过程。如今，物质供给丰富，社会繁荣发展。我们须知，现世安定是革命先烈们披荆斩棘换得的，岁月静好是因为有人在为我们负重前行，切忌安于现状不思进取。年轻的我们，在面对那些"权威"和"真理"时，是否有勇气、有能力去质疑？是否能有自己独立的思想，去抵抗"大多数"的轻视与讥讽？是否能以百折不挠的姿态，去迎接所有未知的挑战？

"少年智则国智，少年富则国富，少年强则国强。"梁启超先生所描述的少年，一直都是国家需要的少年。少年的思想是国家未来的思想潮流，少年的力量是国家未来的发展动力，少年的觉醒是国家创新突破的重要源泉。少年觉醒，当继往开来。如此，方可助中华民族不断进步，持续向前，终将实现中华民族的复兴之梦！

旧日热血，滚烫至今

滕　翡

（山东大学机电与信息工程学院 2019 级软件专业）

2021 年恰逢建党百年，许多朋友都称 2021 年是“献礼剧大年”，正剧可以从年初看到年尾。我是国产正剧的忠实爱好者，满怀很高的期待，我看了《觉醒年代》。这是年初上映的一部献礼建党百年的红色正剧。也许一听这一定位，有些观众就要先在心里暗暗标上“说教”“枯燥”等标签，但其实不管是历史严谨性、剧本台词的深度，还是服化道的用心，它都可谓是一部名副其实的难得好剧。

从以陈独秀、李大钊为代表的新文化运动倡导者与旧文化的保守者辜鸿铭、黄侃教授的文化博弈，再到与胡适的只谈学术不谈政治的分裂；从陈独秀开始只做新文化运动的学术研究，到学习俄国社会主义革命，走向了彻底推翻反动统治的革命道路；从陈独秀的两个儿子陈延年、陈乔年将父亲陈独秀视为仇人到终于认识到父亲让他们独立生活、磨炼意志的一片苦心，从无政府主义者成为共产主义的革命家；从陈独秀、李大钊等一批杰出革命家领导五四运动，再到学习苏联十月革命建立了中国共产党，为中国找到了一条通往复兴之路。《觉醒年代》的故事一个接一个，跌宕起伏，扣人心弦。

曾有短短的十几年，就连历史的平铺直叙都在后人眼中极具波涛海浪的震撼。《觉醒年代》找到了那段历史中最好的长镜头，用近乎一镜到底的手法把这种震撼完美地呈现给如今的观众。看完全剧后，有一句评论给我的印象很深:《觉醒年代》有续集吗？你现在的幸福生活就是续集。

剧中描述的，正是我国内忧外患、有志之士奔走寻找救国之道的时代。当时，我国的社会处于半殖民地半封建状态，中国在内外力的结合作用之下，迸发出了新文化运动倡导者与旧文化的保守者之间的文化碰撞和博弈。这是一种社会意识变迁的标志，是一种与旧思想剥离、迫切想拥抱新思想的萌动。大家的目标都是救国，但是找到一条正确的路线却总是无比艰难。不能否认，那段时期，有志气有血性的中国人都是满怀一腔热血地找寻那条出路的。不管他们出身如何，有着怎样的思考与遭遇，是否真的找到了那条路，那份炙热纯粹的找寻，永远值得我们学习、尊敬。正是他们，历尽千辛万苦，最终找到了马克思主义这一指导思想，建立了中国共产党。

我们常常歌颂英雄，也歌颂平凡世界中芸芸众生。的确，只要坚守在自己的岗位，做好分内的事情，就是时代的英雄。但是，当我们看历史的时候，有一些人的光辉让人觉得“英雄”这个词语，是因为他们的存在才有了英雄的意味。事实上，国家发展的历史上，既离不开发现并能够利用历史规律的领袖，也离不开千千万万对国家赤诚的人民。《觉醒年代》这部剧，不光刻画了历史中鼎鼎有名的“英雄”，在历史洪流中任风吹雨打不曾放弃的普通人的相貌，也被细致地刻画出来了。

面对历史，从前我幻想，在那些风云变幻的大时代，我会是一个怎样叱咤风云的人物。但是如今我更想知道，那个年代中像我一样平凡地生活在这世界上的人，过的是怎样的生活，能用怎样的力量改变世界。看完《觉醒年代》，我能深切地感受到民国不是才子佳人的花前月下，而是哀鸿遍野、饿殍累累的乱世。这更让我珍惜前辈用生命与热血换来的今天！

旧日燃烧过的热血，永远炙热，永远感动人心。谁看了那段历史，都不能不扼腕、不悲叹、不振奋。当下的中国青年在重新凝视历史、凝视那时的人民时，满腔热血便会直击心灵，这样的炙热的信念的传递，是不是正是献礼剧的意义之一呢？

向群雄折腰,续觉醒华章

孔艺真
(山东大学商学院 2020 级金融学专业)

"假如一间铁屋子,是绝无窗户而万难破毁的,里面有许多熟睡的人们,不久都要闷死了,然而是从昏睡入死灭,并不感到就死的悲哀。现在你大嚷起来,惊起了较为清醒的几个人,使这不幸的少数者来受无可挽救的临终的苦楚,你倒以为对得起他们吗?""然而几个人既然起来,你不能说绝没有毁坏这铁屋的希望。"这本是鲁迅先生在《呐喊》中的自序。看到在《觉醒年代》中被改编为鲁迅与钱玄同的辩论时,我不禁热泪盈眶。

那一刻,我认识到,伟人之所以伟大,不仅在于他们的成就——那种不以后人的视角就很难看得到的胜利,更在于他们对信仰的坚持!"知其不可而为之"的勇毅,"九死而不悔,虽千万人吾往矣"的自信与魄力。他们最先觉醒,最先呐喊,也最先离去。离去的时候"铁屋"虽尚未完全破损,但他们无一不坦然无悔、含笑而眠,他们相信这片所热爱的土地上人民的力量,终将在不久的将来缔造一个"赤旗的世界"。在我看来,这是他们人格最熠熠生辉的地方。《觉醒年代》的热播,让当代的年轻人更多地了解和关注那个年代的仁人志士。

我为先辈们的大无畏精神折腰。陈家一门三英烈。陈独秀不肯安安稳稳当北大的文科学长,每月领三百大洋的工资岁月静好,而是面对重压坚持《新青年》的发行来启发民智,以"出了研究室便入监狱"的大无畏精神以身涉险;延年面对刽子手的利刃不肯下跪;乔年临就义仍面带微笑:"让后人们享受我们披荆斩棘的幸福吧!"

我为先辈们和而不同、海纳百川的君子气度折腰。张华《励志诗》中一句

“山不让尘，川不辞盈”生动再现了新旧文化的交锋地——北京大学。蔡元培主张兼容并包，既“三顾茅庐”邀请新文化的主力陈独秀入职，又欣赏辜鸿铭的才华，给这个旧式文人留下三尺讲台。新旧文化之争虽激烈，彼此却从不屑于采取暗地里的手段。

我为先辈们为民请命、开天辟地的家国情怀折腰。那是一个军阀混战、民不聊生的年代。剧中借工人葛树贵之口说出“我们穷人生来就是等死的命”，这仿佛是有史以来的常态，可“从来如此”地“吃人”便对了吗？遍地哀鸿满城血，无非一念救苍生。我看到鲁迅先生以文作剑，以笔为刀，“横眉冷对千夫指，俯首甘为孺子牛”；我看到风雨中怀书前行的未来“执牛耳者”毛润之，在深夜里咀嚼辣椒提神，孜孜不倦探索救国救民之路。他们舍家求学，舍生取义。谁人无家？谁无妻儿？谁不向往稳定的生活？可民族危亡之际，就像黄花岗七十二烈士之一林觉民的《与妻书》所写的：“然遍地腥云，满街狼犬，称心快意，几家能够？司马青衫，吾不能学太上之忘情也。”南陈北李，遂相约建党。

《觉醒年代》的热播，让当代的年轻人更多地了解和关注那个年代的仁人志士。2021年清明节，陈延年烈士的墓前放了一张“我现在讲一句，你们没有资格在中国的面前说，你们从实力的地位出发同中国谈话”的照片，含义不言而喻——这盛世，如您所愿。觉醒之后，昔日的“东亚病夫”已成腾飞的巨龙。而我们这一代，也会走好自己的长征路。

《觉醒年代》是构思巧妙的艺术呈现，亦是触动灵魂的精神洗礼。播完后，有网友问是否还有续集。评论区有一条留言非常令人动容：“你现在的幸福生活就是续集。”有些人为写好“续集”，提前走了，但只要我们没忘记，他们就永远都在。

弘扬英雄精神，凝聚奋进力量

孟　霞

（山东大学东北亚学院2019级日语专业）

“魂魄托日月，肝胆映山河”，历史长河记载了多少英雄故事，革命先烈毁家纾难，为祖国和人民抛头颅、洒热血，直到献出自己的生命。危急关头，董存瑞挺身而出，毅然抱起炸药包，冲向暗堡，用左手托起炸药包，右手拉燃导火索，高喊：“为了新中国，冲啊！”以树皮果腹的杨靖宇面对敌人的劝降，凛然回答：“不必多说，开枪吧。”张自忠战斗到最后一刻，“为国家民族死之决心，海不清，石不烂，决无半点改变”。狼牙山五壮士临危不惧，英勇阻击，坚持战斗直至子弹打光，面对敌人紧逼，他们宁死不屈，毁掉枪支，义无反顾，纵身跳下数十丈深的悬崖。在中华民族最危险的时候，千千万万英雄浴血奋战、舍生忘死，书写了气壮山河的英雄史诗，唤起了万众一心、共御外侮的民族斗志。他们的英雄事迹永载史册，他们的浩然正气光照千秋。在实现中华民族伟大复兴的中国梦和“两个一百年”奋斗目标的新时代，纪念英烈先辈、传承英雄精神具有重要的现实意义。

纪念烈士，以国之名树立崇尚英雄的良好风尚。从建立志愿军烈士遗骸和亲属DNA数据库，到先后接七批志愿军烈士遗骸回国安葬；从全国人民代表大会通过《中华人民共和国英雄烈士保护法》到建立国家功勋荣誉制度，党的十八大以来，一系列国家行动引领全社会形成敬仰英雄、学习英雄的崇高风尚，推动国家荣誉制度和荣典制度不断完善。英雄是需要被敬仰的，英雄是需要荣誉的，英雄是应该得到尊敬和纪念的。国家行动背后的国家态度也向全社会发出珍爱和尊重“国家荣光”、铸就国家信仰的强烈信号——祖国终将记住那些奉献于祖国的人。

纪念烈士，让英雄精神融入民族血脉，不断激发前行力量。尊崇英雄是中华民族的精神印记，英雄精神是社会主义核心价值观的丰富滋养，英雄人物是民族最闪亮的精神地标。因此，要充分发挥党和国家功勋荣誉表彰的精神引领、典型示范作用，推动全社会形成见贤思齐、崇尚英雄、争做先锋的良好氛围。于英雄身上，广大中国儿女汲取前进的力量，拥抱时代、坚定信念、不懈奋斗，迎难而上，在沧海横流中凸显英雄本色。

中国近代史，是一部充满屈辱的历史，同时也是一部中华民族抵御外来侵略、实现民族独立的伟大斗争史。“一切向前走，都不能忘记走过的路；走得再远、走到再光辉的未来，也不能忘记走过的过去。”在多个场合，习近平总书记都作出类似表述。今天，虽然和平与发展已经成为时代主题，但世界仍然不太平，战争的“达摩克斯之剑”依然悬在人类头上。我们要以史为鉴，坚定维护和平，不忘初心。一寸山河一寸血，一抔热土一抔魂，虽然那段历史不会再重现，但是那一段艰苦卓绝的岁月我们却不能忘怀，我们一定要牢记新中国是怎么建立起来的，我们不能忘记先辈们用鲜血和生命写就的历史。

习近平总书记在国家勋章和国家荣誉称号颁授仪式上强调：“崇尚英雄才会产生英雄，争做英雄才能英雄辈出。”一个不记得来路的民族，是没有出路的民族。一个有希望的民族不能没有英雄，一个有前途的国家不能没有先锋。英雄、先锋会激发出一种精神力量，使我们面对纷繁的世界更有方向，更有信心。华夏五千年，无数先辈用鲜血和生命镌刻出壮美蓝图，大河滚滚向前，万里江山如画。我们缅怀革命先烈，为的是继承他们的遗志，发扬他们的精神，不忘初心、牢记使命，在他们用生命和鲜血开辟的道路上不懈奋斗、永远奋斗。

致敬伟人,展望未来

杨爽昕
(山东大学澳国立联合理学院 2019 级数学专业)

“嫦娥五号”带回的月壤,一部分被送往湖南保存,以告慰毛主席,我们实现了“上九天揽月”。对此,网友们很是高兴和激动,称这是唯物主义者的浪漫,纷纷怀念起了毛主席。毛主席是伟大的马克思主义者,伟大的无产阶级革命家、思想家、理论家,是领导中国人民彻底改变自己命运和国家面貌的一代伟人。时至今日,看到蒸蒸日上的中国特色社会主义事业,每个人都称颂他创立新中国的丰功伟绩。

毛主席大公无私,舍小家为大家,为人民服务,堪称楷模。“你说我不派他去,他就不会牺牲,这是可能的。但你想一想,我作为党中央的主席,作为一个领导人,自己有儿子,不派他去抗美援朝、保家卫国,又派谁的儿子去呢?”这是他在自己的儿子毛岸英牺牲后对别人说的。对于儿时在外漂泊而又英年早逝的儿子,他是充满愧疚的,但为了国家和人民,他认为是值得的。有人问毛岸英遗骨是否运回国时,他只说了一句话:“青山处处埋忠骨,何须马革裹尸还。”他认为自己不把儿子送上战场去,谁会把儿子送上战场来保家卫国呢?他始终把集体利益放在个人利益之上。警卫员回忆毛主席瞒着所有人将一些物品珍藏,晚年经常会拿出来看看。这些便是他的儿子毛岸英的遗物。这里,我们可以看到一个普通父亲对儿子的亲情,但更能看出一个伟大领袖胸怀家国,为了民族独立和国家复兴,积极投身于革命事业,为中国人民奉献一切的情怀。

毛主席一家满门忠烈,新中国成立前因为投身革命,致使亲人牺牲,有的儿女下落不明。新中国成立后又有爱子毛岸英牺牲在朝鲜战场,用实际经历诠释了“为有牺牲多壮志，敢教日月换新天”的伟大。而正是有这样千千万万为国为人民奉献的个人，才有了今天强大的中国。

毛主席坚持从实际出发，善于从失败中反思。在一个半殖民地半封建的东方大国进行革命，面对的特殊国情是农民占人口的绝大多数，又遭受着西方列强侵略和压迫，经济文化十分落后，选择一条什么样的道路才能让中国革命胜利，这是马克思主义发展史上巨大的难题。年轻的中国共产党，曾一度简单套用马克思列宁主义的一般原理、照搬俄国十月革命城市武装起义的经验，使中国革命遭到严重挫折。毛泽东结合中国国情，提出了农村包围城市的伟大思想，丰富和发展了马克思列宁主义，带领中国人民，取得革命胜利。他写下了《反对本本主义》《矛盾论》《实践论》等名篇，系统阐述了如何运用唯物主义方法探索中国革命，有力地清除了中国革命中存在的主观主义、教条主义和官僚主义，为中国革命带来了曙光。如今，日渐成熟的中国特色社会主义道路，就是坚持实事求是原则，在曲折中探索出来的。

公者千古，私者一时。伟大的毛泽东思想无时无刻不在激励着中国人民实现伟大的中国梦，建设中国特色社会主义。多了解毛泽东一点，就会对他多一份敬仰。让我们站在伟人的肩膀上，为中华民族伟大复兴奋斗吧！

不朽的民族魂

赵　薇

（山东大学文化传播学院2018级汉语言文学专业）

一扇朱门，一方竹园。可爬花坛折梅，可攀桂树寻蝉。三味书屋内，一个少年在繁重的课业生活中穿梭。为了激励自己，他特意在桌面上刻了一"早"字。恍然间，一枝腊梅落入他眸中。独处于高而冷的天空下，那瘦削的面庞是岁月风霜雕刻成的果断与刚毅，漠然的外表彰显着内心的肃穆。月光将他眼中的光亮反射，那是一种让人心痛的光芒，直直地插在这片他深爱的土地。

站在民族视野最高处，深刻把握中国社会现状，以启蒙为己任，将内在深厚的感情化为外在犀利刻毒的批判——他就是我们的鲁迅先生。正如郁达夫所说："一个没有英雄的民族是可悲的民族，一个有英雄却不懂得敬爱和爱戴的民族是不可救药的民族。"鲁迅先生的文章常常因其批判的深刻性和反常规的思维方法，以及其内心怀有的愤慨而被人尤其是今人所不能理解。虽然时代发生了巨大的变化，我们的国家所处的世界地位、民族的思想文化程度都发生了巨大的变化，但是透过先生的作品，我们可以发现在其尖刻的批评下隐藏的是对我们这个民族最深切的忧思，他甚至可以被认为是当时最希望这个积贫积弱的民族进步的人。

他始终坚持直面人生的写作，深谙世故而不世故，出生于封建地主家庭批判的对象却是"整个封建制度"。先生的独特在于，以一己之身，凭着"举世非之而不加沮"的勇气，在一片诺诺之声中做"谔谔之士"。文章如笔走龙蛇，不黏不滞，充满了凛冽的寒气且锋利无比，因为他希望发挥文学的价值，将文学视为"引导国民精神前进的灯火"。无论是在哪篇杂记里，鲁迅式的"猛士精神”都一样存在，成为维护中国文坛正义与良知的中流砥柱。作为中国文坛的清道夫，穷其一生渴望与愚民之流的“正人君子”一直斗争，他“时日曷丧，吾及汝皆亡”的殉道者姿态是多么孤独、多么悲壮、多么彻底！真实的先生不是《野草》中形而上化的诗人，不是杂文中批判性的犀利者，而是“中华民族新文化的方向”，是文坛的清道夫，一生无畏地致力于批判腐蚀国民性的一切丑陋行为。

鲁迅先生具有自我反省和自我批判精神，并将这种批判贯彻到了整个社会和民族，因此这批判是“忧愤深广”的。他的写作对象范围之大，无孔不入：指向国民精神奴役的创伤，如“阿Q精神”；指向千年文化的积弊，如“吃人的礼教”；指向国人的日常道德，如“老太摔倒无人扶”……他的思想是冷峻的，但心是热的——他希望“沙聚之邦，转为人国”，并称赞“为民请命的人”是中国的脊梁，是以“我们从古以来，就有埋头苦干的人，有拼命硬干的人，有为民请命的人，有舍身求法的人……虽是等于为帝王将相作家谱的所谓‘正史’，也往往掩不住他们的光耀，这就是中国的脊梁”；他寄望于青年，认为他们代表了未来。他以自己的绝望抵抗为知识分子作精神标杆——是以“苟活者在淡红的血色中，会依稀看见微茫的希望；真的猛士，将更奋然而前行”。

可以说，鲁迅先生与这个民族做了最长久的厮守，他深深地爱着这个民族。因他的勇气、深刻、孤独以及从在世时就已经开始承担的误解，他成为他自己。历史百年风云变幻，关于鲁迅先生的言说本身就是一部完整的现代史。“三千年未有之大变局”造就了一大批大师学者，他无疑是最出类拔萃的一个，成为中国近现代的重要精神源流。希望这个承载着理性之光与批判精神的民族魂永垂不朽。

燕双飞，画栏人静晚风微

刘　扬
（山东大学翻译学院 2017 级口译专业）

《钱学森》是一部仅有短短 90 分钟的传记式电影，虽然不能完整地介绍钱老浪漫、伟大的一生，却将包括我在内的莘莘学子深深感动。“爱”不再虚无缥缈，它伟大而圣洁，恍惚间感到自己对“爱”有了许多新的诠释。

第一种“爱”，是民族大爱。钱学森的拳拳爱国之心、坚定的科学信念和勇于创新的精神，让我心潮澎湃，久久不能忘怀。钱学森在美国生活了二十年，有汽车豪宅，有漂亮的妻子、可爱的孩子。他是加州理工学院的教授，美国军界、科学界地位举足轻重的人物，是闻名全球的火箭专家，应该说家庭幸福、事业昌盛。1949 年新中国成立，他立即起了回国的念头。也因此，美国开始排斥他，想尽一切办法阻止他。美国海军部副部长丹尼尔·金贝尔说过两句话：“钱学森无论走到哪里，都抵得上五个师，宁可把他击毙也不能让他离开。”“放钱学森回国是美国曾做过的最愚蠢的事。”身处异国被非法扣押时，钱学森在美国法庭上大声宣告：“我是大唐的后代，我的一腔热血只图报国，我的根在中国。”“我要回去，我一定要回去。”“我要用我的学识改变中国的命运。”他的恩师加州理工学院院长冯·卡门挽留他，让他重新回到美国最前沿的火箭研究中去，并问：“你一位优秀的科学家，回到一个农耕社会，能做什么？回去种苹果吗？”钱学森毫不犹豫地回答：“回到祖国，我做什么都可以，如果我想，愿意在那里种苹果！”

在美国经历了长达五年的囚禁，在祖国的关爱下终于踏上了祖国热土，他立刻投身到了新中国的国防科技研究中，以一个普通科学工作者的姿态，在风沙弥漫的西北荒漠中钻研、奔波，用十年时间成功研发了“两弹一星”，当在罗布泊试验成功新中国第一枚核导弹“东风二号”，他骄傲地在心中说：“老师，这就是我种的苹果！”正是钱老将祖国利益看得高于一切，才能在国家一穷二白的情况下，带领科研人员刻苦拼搏，克服一个又一个困难，用自己的学识改变了祖国的命运，创造了中国国防与军事的奇迹。从他身上“爱国”这两个字的含义就由模糊变得格外清晰。爱国，就是要把祖国放在心间，以祖国利益至上；爱国，就是要努力学好专业知识，奋发向上，力争也能用自己的学识为我们的祖国贡献力量，为国争光！

第二种“爱”，是领导对科学家的信任与爱护，是用人不疑、疑人不用的坚守。为了钱学森能早日回国，毛泽东主席、周恩来总理亲自指示，不惜动用一切可以动用的外交手段，才换来了钱学森的回国。毛泽东主席八次会见钱学森，并一直将他视为座上宾。“文化大革命”时期，为了保护钱学森等科学家，周恩来总理亲自下令，保障了“两弹”工作的顺利进行。钱学森更是聂荣臻元帅的手下爱将，聂帅说：“技术上的事情就一定要听钱学森的，我也要听他的。”正是这种关爱和信任，让钱学者刚褪下西服换上中山装，就废寝忘食，奋笔疾书，制定了我国《1956 至 1957 年科学技术发展远景规划纲要》，克服重重困难用十年时间将“两弹”结合试验成功，为国家铸造出了“护国宝剑”。

第三种“爱”，是两情相悦，青年男女间的生命挚爱。钱学森与蒋英的爱情，是科学与艺术的结合、智慧与美丽的结合，无疑是浪漫且美好的。影片通过几个片段将钱蒋两人的爱恋刻画得淋漓尽致。1947 年，远在大洋彼岸的钱学森抛开繁忙的工作，专程回来观看女友的第一场演出并向蒋英求婚，钱老贴身带着蒋英小时候的照片，见面的第一句话就是一句简短的“跟我走”，言毕就紧紧拽住了蒋英的手。后来，钱学森在美国被非法扣押，蒋英去探望，忙不迭地问：“他们不给你吃饭吗？他们打你了吗？”钱学森只说了一句：“我爱你。”蒋英回应：“我也爱你。”然而，对于妻子蒋英，钱学森始终心怀愧疚，影片中钱老夫妇相互搀扶着行走在林荫小道上，钱老略带歉意地对夫人说：“这辈子你如果不嫁给我，很可能成为一个知名的歌唱家。你在歌唱方面很有天赋。你后悔吗？”然后，这位白发苍苍的老人对钱老说：“中国能够少一个蒋英这样的歌唱家，但不能没有这样钱学森这样一个科学家。”这样一对“执子之手，白头偕老”的老人之间的相互理解、支持、恩爱，不能不让人动容。

1991 年 10 月 16 日，在授予钱学森“国家杰出贡献科学家”的仪式上，钱学森满怀深情地提到了爱人蒋英:“她给我介绍了音乐艺术,这些艺术里所包含的诗情画意和对于人生的深刻理解,使我丰富了对世界的认识,学会了艺术的广阔思维方法。或者说,正因为我受到这些艺术方面的熏陶,所以我才能够避免死心眼,避免机械唯物论,想问题能够更宽一点、活一点。”

影片的最后有一段温家宝看望钱学森的录像资料,病榻之上的钱老字字清晰:“我认为人不但要有科学、技术,而且还要有文化、艺术和音乐。”这位伟大的男人在临终之时还没有忘记感恩那位在他背后同样伟大的女人。

2009 年 10 月 31 日,钱学森逝世,享年 98 岁。这一年,蒋英 90 岁,告别仪式上,老人最后一次将脸颊贴紧丈夫……或许她回想起了很多年前在宴席上那个稚气未脱的少年、那个懵懵懂懂的少女,他们站在一起唱那首《燕双飞》:“燕双飞,画栏人静晚风微。记得去年门巷,风景依稀。绿芜庭院,细雨湿苍苔。雕梁尘冷春如梦,且衔得芹泥,重筑新巢傍翠帏。栖香稳,软语呢喃话夕晖。差池双剪,掠水穿帘去复回,魂萦杨柳弱,梦逗杏花肥,天涯草色正芳菲。”

这个时代需要英雄

景载喻

（山东大学商学院 2017 级金融学专业）

在出发之前也曾有过疑虑，为何老师执意要将实践地点选在 70 多公里之外的荣成？一个坐落于那里的规模并不宏大的博物馆又能带给我什么？“郭永怀”这个人们并不熟知的名字背后又有何不凡之处？所有疑问在参观结束后，我的心里都有了一个明确的答案，而除此之外还有更深的思考和久久不能平复的内心。

今日之中国造就于谁，而历史又遗忘了谁？

当代中国，我们比历史上任何时期都更加接近实现中华民族伟大复兴的宏伟目标。但同时我认为，我们也比任何一个时期都更应该铭记，曾为这个新中国而付出一切的先辈们。记得进入陈列馆所看到的第一句话是“这是牺牲的一代人”。那一瞬间感慨万千，那一代人牺牲荣誉，牺牲财富，牺牲家庭，牺牲健康，甚至牺牲生命，只为心中那崇高的家国情怀。现在的我们生活在一个安逸稳定的时代，我们不再急切需要去向世界证明自己，我们也不再时刻生活于内忧外患之中，似乎我们不再需要“英雄”，不再需要“英雄主义”。我们也逐渐在淡忘英雄的事迹、英雄的品格和精神。

从何时起，当一个人谈起“为中华之崛起而读书”时，会有一些人嗤之以鼻？从何时起，当一个人毫无掩饰地表达对党对国家对人民的感情时，会有人觉得莫名其妙？没错，这是一个允许我们充分去维护个人权利和个人利益的时代，我们高呼着“人权、民主”，唯恐自己受到一丁点的损失，当然这无可厚非。但是当我们将个体的概念无限放大时，我们的视线将被其完全遮挡，从而看不到集体，看不到家国。

可当你实现自身利益最大化的时候，是否想过这是因为你身处于一个和平强盛的国家，这是因为你所处的社会体系、政治体系在逐步趋于完善。那么，我们难道不应该为这个国家做点什么吗？

穿过历史的长河，回望五十年前，郭永怀先生放弃了自己前半生所得来的一切名誉、地位、金钱，果断地回到了一穷二白的祖国，甚至不惜将自己所有的手稿付之一炬。而这壮士断腕的果敢，只因他那颗赤子之心。

也曾思索，在飞机坠毁前的最后一刻先生在想些什么，是他家中的妻女，还是他为之奋斗一生但未完成的事业，还是这个他深爱的国家的将来？他用生命告诉了我们答案，在生死一瞬之时，他首先想到的是关于热核导弹的重要文件，他选择用生命去守护。两具烧焦的尸体紧紧相拥着，而他们中间守护的那一份至关重要的文件却完好无损。这才是对“舍生而取义”最动人的诠释。郭永怀先生用生命最后一刻的选择向我们诠释了英雄的定义。所有老一辈的科学家们谈起此段往事，无不是老泪纵横，长叹一声，剩下的只有永久的怀念，和崇高的敬意。

诚然，不是每一个人都能成为英雄，但是我坚信每一个人都应该敬仰英雄，信仰英雄主义，你要知道有这样一些人真的愿意为了信念无怨无悔，奉献一切。了解英雄，知晓他们的事迹，你就会知道“国旗是鲜血染红的”这句话真的不仅仅是一种文学上的修辞。

信仰英雄，就如同有一种引领，或许那种高度你永远无法企及，但心向往之，便定能有所建树。

时光飞逝，永怀不朽

张苏云

（山东大学商学院 2017 级金融学专业）

一个平凡的周末，因为这次赴郭永怀纪念馆的参观，变得不平凡起来。

郭永怀先生早年留学海外，在硕果累累、学有所成后，毅然放弃国外的优越生活，突破重重阻碍回到祖国，参与我国原子弹的研制。1968 年，为向国家汇报重要实验线索，不幸遭遇坠机，牺牲前仍用身躯紧紧护住秘密文件，享年 59 岁。

在那个伟人频出、众学术大家纷纷归国、为人才匮乏的祖国出一份力的时代，在那个一种名为"爱国"的精神在国人身上闪闪发光的时代，回溯郭先生 59 年的人生苦旅，天地纵横，最打动我的，是他放弃美国绿卡、荣华富贵，冲破重重阻碍回到一穷二白的祖国；是他全心全意投身祖国原子弹的研制；是他甘当"铺路石子"，为培养人才殚精竭虑；是 1968 年 12 月 5 日凌晨，在死亡面前，他用血肉之躯对研究数据的紧紧守护。

也曾好奇人在死亡之时会想起什么，那些被后人颂扬着的伟人们，那些被我们高歌着的爱国者们，在死亡的绝望来临之时，最关心、最难以放下、最后一刻念到的，是自己的国家吗？起初，我是持怀疑态度的。

何其有幸，郭永怀先生，让我真正认识并"狠狠"相信了爱国精神的伟大与无私。那样一个危急时刻，那样一个躯体被撕裂的剧痛的时刻，他的第一选择不是对死亡的恐惧，不是对妻女的眷恋，不是对生命的不舍，而是对研究数据的死守，是对祖国的一腔热爱，是真真正正刻在心上的祖国的国防事业啊！

在当今这样一个和平的时代，我们关注网红直播，我们关注明星八卦，我们关注又发现了哪个帅气的小哥哥、哪个仙气的小姐姐,可又有多少人还记得我们现在的悠闲与辉煌,是因为祖国的国防实力强大,是因为上一代人历经苦难,是因为有郭永怀先生此类伟人。他们用生命来爱国,用生命来付出,用生命来为祖国的发展与强盛无私奉献、殚精竭虑?

所幸,历史不会遗忘。网红明星会过气,小哥哥、小姐姐会渐渐被拨到记忆的角落,但郭永怀这样的伟人,会因为自己为国家为民族的壮举,在历史的书卷上留下永不褪色、浓墨重彩的一笔!

再回到这次参观,对于我,对于我们,对于当代大学生,又意味着什么?是的,参观之时,我们感叹,我们惊呼,我们热泪盈眶,我们扼腕叹息,但参观结束之后呢?那些荡起过的涟漪,那些激起过的惊涛骇浪,告诉了我们当今辉煌的不易,告诉了我们有这样一群人在我们背后,在祖国背后,默默支撑,默默付出,默默用无数血泪助我们挺起中国的脊梁!一代代人的参观,一代代人的动容,仿佛将这种无私的精神、这种爱国的火炬一代代传递下去。无数的涟漪与波浪,终将在大海的深层留下刻骨铭心的痕迹。

时光飞逝,永怀不朽。此次参观,“永怀”一词,在我们的一生上,已盖上不可磨灭的红色印章。不必多言,我们的责任是不忘伟人,是珍惜当下,是用每一天的积极向上、认真学习,不负上一代的付出与期望!

天眼之父——南仁东

郭昊林

（山东大学商学院 2017 级金融学专业）

500 米口径球面射电望远镜“FAST”被誉为“中国天眼”，是由中国科学院国家天文台主导建设，具有我国自主知识产权、世界最大单口径、最灵敏的射电望远镜，其综合性能是美国著名射电望远镜阿雷西博的 10 倍。“天眼”的出现，标志着我国的射电天文科学专业走进了新时代，且“一口气”领先全球 20 年，实现了从“跟跑”到“领跑”的质变，而这一切伟大的成就都离不开那个在背后呕心沥血、默默奉献二十余载的天眼之父——南仁东。

20 世纪 90 年代，南仁东曾在日本国立天文台担任客座教授，待遇十分优厚。他放弃比国内高 300 多倍的工资，毅然选择了回国。那时，我国天文事业面临着这样一个窘境：最大的射电望远镜直径不足 30 米，跟发达国家直径动辄数百米的先进观测设备相去甚远。南仁东决心在祖国的土地上建一个世界上最大的单口径射电望远镜，让中国的天文学家们看到更为深邃的星空。他说：“别人都有自己的大设备，我们没有，我挺想试一试。”那些发达国家的科学家没能想到，这个来自当时还不富强的东方国度的科学家，为了这句话、为了这个理想倾注了余生。

动工早期，为了提高“中国天眼”的项目知名度并寻求技术合作，南仁东跑遍了大半个中国，按他的话来讲就是“我开始拍全世界的马屁，让全世界来支持我们”。为了在贵州选到最适合“天眼”的位置，南仁东分析了上千张卫星地图，实地考察了云贵 300 多个喀斯特地区的洼坑，甚至还遭遇过差点跌落悬崖峭壁的险情。常年的野外生活异常艰辛，喝的是“天然”的浑水，吃的是自带的冰冷干粮，冬天实在冷得受不了就与同事燃起篝火相拥取暖。可年过半百的他却未曾有过放弃的念头。“我有退路吗?”在为 FAST 奔波忙碌的 20 多年里，这是南仁东经常挂在嘴边的一句话。为此他容不下工作中的任何瑕疵与怠慢，甚至到了苛刻的境地！

作为 FAST 首席科学家和总工程师，南仁东本不必事事躬亲，但他上下求索，朝夕不倦，学习力学、测控、水文、地质等知识。他对每一张图纸都能提出自己专业的意见。年轻时的南仁东爱好广泛、穿着时髦，而在 FAST 项目启动之后，他留给所有人的深刻印象就是不修边幅，狂热工作，就连吃饭都觉得耽误时间。他时常朝着白墙坐，他说，“朝着墙坐有一个好处，你抬头看到的只有白墙，不会受到视线里其他物件的影响，这样就可以很踏实地工作了”。就是这样日复一日的高强度工作，岁月过早地将他的青丝吹成了白发，日益年迈的身体更是每况愈下。

2015 年，70 岁的南仁东被诊断为肺癌。手术后不久，他再度回到 FAST 的施工现场。一排简陋的彩钢房就是他的宿舍，潮湿的地理环境让被子都能拧出水来，但他却把施工现场当作自己的家。有一次，停了三天电，把南老冻得够呛，但他仍点着蜡烛，继续研读资料。无论是作为一名年逾七旬的科学家，还是作为罹患重病的病人，南仁东都有十足的理由换个环境好好休息。然而，他自己却并不这么想，他给自己的定位就是牢牢扎根在现场的一名技术工人。在接受记者采访时，南老颤抖着虚弱的身体，用他那嘶哑得让人痛心的声带，谦虚地给自己下了定义：“我不是一名战略大师，我是一个战术型的老工人。”声小，却铿锵有力；体弱，却是伟岸的身躯。二十二年的呕心沥血，只为国家天文事业的崛起。数十万公里的蹒跚前行，只因对中华爱得深沉。他耗尽心血，用生命谱写了一曲英雄的赞歌。他是中国人的楷模，他是民族的魂，他是当之无愧的国士无双、民族脊梁！

一个仰望星空的梦想，支撑着病魔缠身的躯体迈过层峦迭嶂、万水千山；一份脚踏实地的笃定，指引着他二十二年来披荆斩棘，砥砺前行。当国之重器傲立于世界，望穿苍穹、描绘宇宙时，他却撒手人寰，没来得及看看数十载孕育出的奇迹。但我知道，南老的精神将永远激荡在神州大地，指引着后辈们奋发前行，直至生命之无垠。

“五四”沧桑，荡气回肠

曾　森

（山东大学商学院2018级国际贸易专业）

时光荏苒，岁月变迁，倏忽之间，竟已百年！蓦然回首，只觉往事如烟，先贤英灵，若隐若现，历史长卷，徐徐展开，百年沧桑，娓娓道来。

一百年前的今天，我们亲爱的祖国还在北洋军阀的黑暗统治之下；一百年前的今天，我们美丽的国土正饱受战火的摧残；一百年前的今天，中华儿女那富有创造力的思维还深受着封建观念的束缚；一百年前的今天，帝国主义正在这古老的文明之邦肆意妄为……

我国的近代史是一段不堪回首的过往：不曾熄灭的炮火，惨绝人寰的屠杀，使尸填巨港之岸，血满长城之窟；接连不断的灾难，百年一遇的饥荒，造就了“白骨露于野，千里无鸡鸣”的悲惨景象；内忧外患已如火烧眉睫，中华民族危在旦夕！中华危矣，民族危矣，国将亡矣！

但历史往往是这样的，越是黑暗的夜空中，越可见到繁星闪烁！在这段暗无天日的时光里，有着这样的一群人，他们正值青春韶华，恰是和我们一般的年龄，却已然目睹着山河破碎，胸怀着救国理想，在茫茫黑夜中奔走呼号，散发着照亮黑夜、鼓舞人心的光和热！

“五四”青年们便是这样的一群人，他们怀着满腔的爱国豪情，高举着希望的火把，带来了民主与科学的光芒，拼尽全力想要唤醒沉睡着的中国，使千万国民终于从睡梦中醒来！

听，百年前的那一句句声嘶力竭的怒吼依然萦绕在我们耳畔：“誓死力争，还我青岛！”“废除二十一条！”“宁肯玉碎，勿为瓦全！”“外争主权，内除国贼！”

那是五四运动的口号，更是唤醒眠者的号角。看，百年前的那一幕幕震撼人心的画面依然浮现在我们眼前：他们的队伍声势浩大，他们的宣讲慷慨激昂，他们用自己的鲜血书写着警醒世人的条幅，这是青年们的游行队伍，更是向黑暗宣战的正义之师！

有人言，往事如梦似幻，浩渺如烟，既已过去，何必留恋？但先辈们的所作所为看似遥远，但又何尝不是近在眼前！若无革命先辈们的热血与汗水，又何来祖国今日的繁荣与富强？纵然时代已不复当初，祖国也不再弱小，可是当今的安全形势依然不容乐观，世界民族之林中危机四伏。

君不见，茫茫海疆，气象万千，层层阴云，积聚不散。我国与部分邻国仍然存在着历史遗留问题，领土争端与地区性摩擦也时常掀起波澜，国际上的霸权主义与强权政治依然存在，部分资本主义强国对我国持续施压，恐怖主义分子蠢蠢欲动，全球气候危机亟待解决……看似平静的世界格局之下其实仍然有暗流涌动，今虽和平年代，愿有警钟长鸣！

祖国的建设并不是一劳永逸，中华民族伟大复兴的梦想正需要由我们来实现！往昔革命先辈们为中华之崛起而读书，今日之我们更当为祖国之富强而努力！只有中华少年豪情不减，“五四”火焰才能熊熊不息，泱泱中华方能繁荣富强！

让我们携手共进，让我们继往开来，让我们像山东大学校训中启示我们的那样，成天下之人才，谋国家之富强！用我们的智慧、汗水以及满腔的建设豪情，奏一曲荡气回肠的复兴之歌！

中华深植我心

刘佳艺

（山东大学商学院 2018 级金融学专业）

1950 年 10 月 25 日，中国人民志愿军跨过鸭绿江，打响了抗美援朝的第一战。

那一年的朝鲜半岛遭遇了几十年不遇的寒冷严冬。美军在朝鲜投入了其三分之一的陆军兵力、二分之一的海军兵力、五分之一的空军兵力，并叫嚣着“感恩节前结束战争”，让仅靠着落后的陆军装备作战的中国人民志愿军陷入了一场实力完全不对等的战争中。

天寒地冻，异乡僻壤，没有充足的粮食，没有保暖的衣服，身边是失去温度的战友，对面是当时世界最强大的国家军队，怀里是一只落伍的步枪，但志愿军战士却没有丝毫退缩，因为他们的背后是一个刚刚从屈辱中站起来的民族。

“什么是祖国?”当这个问题问到中国人民志愿军第 9 兵团 174 团的老战士项远时，这位垂垂老矣的军人毫不犹豫地说——

“当我们跨过鸭绿江，看到战火的时候，我背后就是祖国。”

在战前的政协会议上，周恩来总理向人民讲道：“我们不愿意战争，我们更不想要世界大战，如果别人要把战争强加给我们，如果我们不得不打仗，那就让我们承担下来，让我们的子孙永享和平。”

于是，那些勇者们引吭高歌，无畏地跨过鸭绿江。那些英雄铁骨铮铮，誓死挡在祖国面前。那些兄弟，那些同伴，那些母亲的儿子，他们身处异乡，魂离故里，大多甚至没有留下名字，只为祖国的光荣而奋起战斗。

我们也许都没有想过，那个时代的他们，其实都是和我们一样年纪的青年而已。

他们将自己的热血抛洒，只为在那个落后而贫穷的年代里将中国人的腰板挺直，只为让这个刚从屈辱里走出来的国家抬头挺胸地活下去。他们把自己年轻的理想和生命托付给下一代的中国青年，生生不息，代代相传，用自己的苦难和墓碑换来我们今日享受的和平。

他们的英灵不朽，永远守护着这片大好山河。

他们的身后即是祖国。

2014 年 3 月 28 日早间，中韩双方在韩国仁川国际机场举行 437 位在韩中国人民志愿军烈士遗骸交接仪式。上午 9 时 30 分许，搭载烈士遗骸的专机降落在沈阳桃仙国际机场，离开祖国 60 多年的烈士英灵们回家了。

在又一次回顾这场庄严的交接仪式时，我忍不住潸然泪下。光阴仿佛在此刻失去了屏障，年轻的他们好像才刚刚走出去家门，然后一眨眼，时间飞逝，同样年轻的我们便在这边欢迎他们回家。

时间如一阵春风，须臾之间，沧海桑田。这片东方的土地已经快速地苏醒发芽、蓬勃壮大，他们身后的中国早已经不再是原来积贫积弱的国家，而是一个真正崭新富强的兴旺之邦。

从 2014 年到 2019 年的今天，这场盛大肃穆的交接仪式不断有新一代的青年在网络上重播回顾。从 1950 年到 2019 年，我们从未忘记。

所有回顾往昔、回顾朝鲜战争的新时代青年，他们如我一样，在心潮澎湃、热泪盈眶之时，誓言要将这份来自历史的感动铭记在心间，雕刻进骨肉里，融入呼吸中，并将这满腔热情渗透进共和国未来前进的每一步脚印——只为了那一句想要跨越时空对烈士们轻声诉说的话："欢迎回家！"

英烈虽已长眠，但他们扎根于我们的心底。当年，祖国在他们身后；今日，中华深植我心。

让抗美援朝精神的旗帜在祖国大地高高飘扬

王鹏宇

[山东大学法学院(威海)2020级法学与行政管理特色班]

70年前,抗美援朝战争爆发,以美国为首的所谓“联合国军”跨过“三八线”,直逼鸭绿江。彼时,新生的中华人民共和国正处在发展的关键时期,经济基础十分薄弱。但也正是在那时,我们出兵朝鲜,抗美援朝、保家卫国,取得了伟大的胜利。那么,是什么让我们赢得了这样一场胜利呢?

从南昌起义到三湾改编,从抗日战争到解放战争,中国共产党领导着这支人民军队从弱小走向强大,从黑暗走向曙光。革命英雄主义精神、爱国主义精神早已深深熔铸在这支人民军队的血液里。当他们雄赳赳气昂昂跨过鸭绿江时,当他们用炒面加刺刀对抗牛排加坦克时,当一声声冲锋号吹响时,正是这种精神指引着他们从胜利走向更大的胜利!

当我们在屏幕前参观中国革命军事博物馆抗美援朝主题展览、重温那段峥嵘岁月时,一股感动与自豪油然而生。有的战士初为人父,匆匆奔赴战场,甚至来不及为他的孩子留下一张照片;有的战士毅然赶往前线,只是在医院门前对着未婚妻深深地鞠了一躬;有的团队辗转全国,用旧币15亿元放飞了一架钢铁雄鹰。我们看见,“这一战,拼来了山河无恙、家国安宁,充分展示了中国人民不畏强暴的钢铁斗志”;我们感动,197653名英雄儿女为了祖国献出了宝贵生命;我们铭记,我们要沿着前辈的脚步向前。

我们看到,黄继光堵住枪眼,血流干了,仍然紧紧抱住地堡!我们看到,邱少云烈火焚身,双手死死插进土地不动分毫!我们相信,在漫天火焰燃烧的时候,邱少云的心中必然燃烧起了一股更大的火焰,这股革命英雄主义的火焰、这股蕴含着抗美援朝精神的火焰，划破苍穹，撕裂时空，一直燃烧到今天，一直让我们心中有一股喷涌的感动与热血。“烽烟滚滚唱英雄，四面青山侧耳听”，青山不会忘记，人民不会忘记，那些“埋骨何须桑梓地”的战士，那群“烈火焚身若等闲”的最可爱的人！

“西方侵略者几百年来只要在东方一个海岸上架起几尊大炮就可霸占一个国家的时代是一去不返了”，过去我们“钢少气多”，仍然取得了抗美援朝战争的伟大胜利，打出了国威打出了国魂，真正“打得一拳开，免得百拳来”！今天的中国“钢多气更多”，更足以击败一切来犯之敌！我们珍视和平热爱和平，但面对外来侵略，我们必将以战止战、以武止戈，用胜利赢得和平与尊重。

“岁月悠长，山河已无恙，亲人送你回家乡。”近日，第七批在韩志愿军烈士回国，两架战机升空护航，五星红旗覆盖了他们的棺椁。但他们的精神——伟大的抗美援朝精神，将永远深植于中华民族的深沃土壤，将永远在祖国的上空高高飘扬。

中国，永远被他们最勇敢的人保护得很好！

献给抗美援朝英雄的赞歌

王依睿
（山东大学商学院 2019 级金融学专业）

“烽烟滚滚唱英雄，四面青山侧耳听，侧耳听。青天响雷敲金鼓，大海扬波作和声，人民战士驱虎豹，舍生忘死保和平。为什么战旗美如画？英雄的鲜血染红了她！为什么大地春常在？英雄的生命开鲜花！”

有一段历史永远不会褪色，有一种精神永远不会被遗忘，有一种人永远值得被歌颂。时间虽已飞逝七十载，但是回望曾经的抗美援朝战场，那段峥嵘岁月里纷飞的战火；那人雪掩映的坑道里志愿军战士冻僵的身躯；那些用鲜血和生命争夺过的阵地……历史的硝烟仿佛不曾远去，他们依然熠熠生辉，令我们动容。我们永远铭记着，那场持续了两年零九个月的战争中，有 197653 位抗美援朝烈士，用生命捍卫了家国民族的尊严。至今还有许多长眠在异国他乡的英雄，他们是最可爱的人，永远活在中华民族记忆的深处。

1950 年 10 月 19 日，中朝边境上空“雄赳赳，气昂昂，跨过鸭绿江。保和平，卫祖国，就是保家乡……”的歌声一路伴随着志愿军战士渡江奔赴朝鲜战场。在此后的交战中，志愿军与侵略者连续进行了五次大型战役，把侵略军从鸭绿江和图们江边赶回到“三八线”附近，一举收复朝鲜北部广大土地，奠定了这场反侵略战争胜利的基础。此后，又在谈判期间构筑起铜墙铁壁般的纵深防御阵地，多次粉碎了敌人的重点进攻和细菌战。打破了美帝国主义不可战胜的“神话”，使得美国陆军上将克拉克成为“美国历史上第一个在没有取得胜利的停战协定书上签字的将军”，打出了中国的国威军威。

抗美援朝战争中，志愿军将士迎着敌人的枪林弹雨冲锋陷阵。意志的力量战胜了钢铁，面对强大而凶狠的作战对手，身处恶劣而残酷的战场环境，抛头颅、洒热血，以“钢少气多”力克“钢多气少”，用“一不怕苦，二不怕死”的精神充分昭示了敢打必胜的精神风骨。

抗美援朝战争物质条件和自然条件都非常艰苦，战士们饿了吃冻成冰疙瘩的土豆，渴了就吃把雪。在长津湖战役中，一排排志愿军战士俯卧在零下40摄氏度的阵地上，手握钢枪、手榴弹，保持着整齐的战斗队形和战斗姿态。在上甘岭战役中，敌军以6万余人、300余门大炮、175辆坦克、3000余架次飞机，向我军两个连3.7平方公里的阵地攻击。我方阵地山头被削低2米，岩石炸碎堆积起来的浮土有1米多厚。坚守部队在地面阵地和坑道与敌军反复争夺厮杀。战争的惨烈程度是历史上罕见的。

残酷的战争中还有许多女兵的身影，她们中不仅有优秀的文艺工作者、勇敢的白衣战士，还有翻译、雷达兵……吴韵琴当年作为文工队战士奔赴朝鲜战场，用多种形式的文艺节目，为前线志愿军战士鼓舞士气。在朝鲜，吴韵琴和十几位战友住在狭窄的坑道里，床是用树枝和茅草堆起来的。冬天将冻住的河沟凿开，她们就用冰水擦脸。这些平均年龄只有十六七岁的女兵，直面冷酷无情的炮火，迸发出令人叹服的力量。在战场上，她们冒死冲过封锁线到最前线慰问表演。弹指一挥间，70个春秋交替，吴韵琴时常会想起那些战士听她唱歌时的样子，那一双双望向她的眼睛，那一个个鲜活的生命，都无法掩饰他们对盛世和平的无限畅想。

已经褪色的水壶、带着弹孔的钢盔、血迹斑斑的白衬衣、一捧满是弹壳的焦土……它们安静地躺在沈阳抗美援朝烈士陵园纪念馆里，似乎在默默地诉说着特级战斗英雄杨根思的“三个不相信”：“在革命战士面前，不相信有完不成的任务，不相信有克服不了的困难，不相信有战胜不了的敌人！”抗美援朝战争的胜利极大地增强了中华民族的自信心和凝聚力，为我们留下了宝贵的精神财富。一个个“最可爱的人”用热血与生命汇聚成伟大的抗美援朝精神，留存在新中国的珍贵记忆里，定格在每个中国人的心中。任时光荏苒，我们始终相信，他们过去是、今天是、明天依然是“最可爱的人”！

一份璀璨，一份使命

张丽淑

[山东大学法学院(威海)2018 级行政管理专业]

“这盛景，如您所愿！”一条微博热搜唤起了多少人沉睡的记忆：70 年前，新中国成立后的第一次阅兵，当时我国有 100 多架旧飞机，但能参加阅兵飞行的仅有 17 架。周恩来总理为了缓解这个尴尬，提出让 9 架速度较快的战斗机飞行两遍。阅兵时，也没有多余的飞机担任警备任务，他又让飞机带弹直接参加阅兵，以防敌人偷袭。昔日之阅兵捉襟见肘，如今国富兵强，江山如画，若先辈见今日之山河，一定倍感欣慰吧！

看完热搜，我的脑海中出现这样一幕：炮响，旗扬，整齐划一的容姿，迈着铿锵的步伐，走过天安门。无霓灯，无渲染，极其简单的场面，却足以让每一位华夏儿女满腔热血、心潮澎湃。不错，就是国庆大阅兵！每一次的阅兵场上，受阅者们昂首阔步，意气风发，将中华儿女的气概在方阵里表现得淋漓尽致。

那一刻，他们是最耀眼的主角，但这种璀璨的背后，是满目辛酸，也是一份浓浓的爱国情，更是他们对使命的坚守。

阅兵训练高潮，正值三伏酷暑。在这热浪滚滚的季节，他们要求更高，训练更强，节奏更快。脚底起泡、膝部肿胀、皮肤脱了一层又一层、多少次的反复练习、多少次的失败……为了以最铿锵有力的步伐、最严整的阵容向祖国和人民汇报，镜头前的他们光芒万丈，镜头后的他们满身创伤。而这所有让他们坚持下去的理由，是作为一名受阅者的使命。他们用一种特别的方式，向所有人展示我军威武之师、文明之师的形象，用最佳状态庆祝祖国一次又一次的成长。

受阅者的名字,我们未必都能记得清。但他们展示出的那一场场精彩的视觉盛宴,让每一位国人久久难以忘怀。更让我们深受感动的是他们在完成使命时所表现的那份心无旁骛,没有过多的话语,却诉说着最耀眼的刚强。似朝阳书写辉煌,他们用行动作出对使命最好的诠释。

随着年龄的增长,我们可能会从热血澎湃归于波澜不惊。心可以平静,但使命不容忘却。山间野花为使命与遒风抗争,林间雏鸟为使命勤学苦练,甚至是一抔黄土也在为使命坚守。我们都应该背负使命地活着,并努力去完成自己的使命,这是人生价值之所在。希望作为新一代的我们,在任何时刻,能少一些默然多一些担当,少一些逃避多一些追求。肩负起对国家和社会的责任与使命,复兴我大美中华!

昔日的使命,他们在坚守。明日的使命,我们去传扬!

立身护国,尽己之责

孟家豪

(山东大学数学与统计学院 2019 级数据科学与人工智能实验班)

从 1840 年英国侵略者的坚船利炮残暴不仁地轰开中国近代史的大门,让中华民族开始挣扎着谱写血与泪交织的自强之音,到 1949 年毛泽东主席在天安门上宣告新中国成立,在世界东方自豪地挺起脊背和腰杆傲立于民族之林,这段风雨飘摇把五千年的古屋吹打得残损不堪,居于屋檐下的中华儿女,拾起"天下兴亡,匹夫有责"的格言,让其重焕光芒,遍经历史风雨,又生生不息。

时光甩开了岁月,大踏步迈进了新时代。中国人民引吭高歌,嗓音嘹亮唱出发展的主旋律,歌声悠扬颂出进步的协奏曲。曾摧残着古屋的风雨,在歌声中被抛之身后。血泪成为过去,富强成为常态。但人民便不需要为国家安全担忧了吗?

不是的。纵使已经民富国强,众安道泰,我们也要清醒地意识到,世界尚未和平,中国仍有危机。

面对来源于方方面面的危机和挑战,每个人都有自己相应的责任。而我认为,首先要具备的就是爱国精神。或许有诸多品质都是建设国家所不可或缺的,谦逊、勤劳、创新、勇敢、文明、进取等等,但能够正确地利用这些优秀品质,为国家的发展添砖加瓦,为国家的进步出谋划策,其大前提则是有着高尚的爱国精神。

精神能达到的境界决定了能力的最高境界,精神所趋进的方向决定了贡献的主要方向。我们首先应该培养高尚的爱国主义精神,精神层面的正确取向能够使自身在学习进步的旅途中以维护国家安全为己任,以推动国家发展为目标。倘若仅有过硬的各项能力，却缺乏足够的爱国精神，则终将把自己培养成一个有才无德的精神侏儒，一个无“大家”概念的利己主义者。

记得在某一年的 4 月 1 日，当朋友圈里充斥着愚人节的相关动态的时候，我却在自己的朋友圈里看到了一条不一样的消息。它的开头，是一串数字：

“呼叫 81192，这里是 553，我奉命接替你机执行巡航任务，请返航！”

“81192 收到，我已无法返航，你们继续前进，重复，你们继续前进！”

2001 年 4 月 1 日，美国一架侦察机犯我南海领空，我军派两架飞机跟踪拦截，美侦察机突然撞向王伟驾驶的歼-8Ⅱ，王伟光荣牺牲，这段话是他留下的最后的信念。

作为新时代的接班人，我也理所应当具有朝气蓬勃的爱国之心，迸发出一股股内含责任意识的血液，在自己将要接手的新时代继续为国家安全保驾护航。更要通过中国人民所共同具有的爱国精神力量，万众一心，把个人的责任意识和奉献精神转化为以保护祖国为目标的实际行动。

自 1840 年一路走来，从签订《南京条约》走到十四年艰苦抗战，从“中国人民从此站起来了”走到“摸着石头过河”，从“乔的笑”走到“全面建成小康社会”，我们历经了许多风雨。终于，随着国家的强盛，能对国家安全造成巨大危害的事越来越少。但今天的中国也不能高枕无忧，中美贸易战、新冠污名化、“港独”事件……一系列新的风险接踵而至，一个个新的挑战迎面而来，国家安全在任何时候从来没有也绝不会被轻视。21 世纪以来，维护国家安全需要作出的努力也日益增加，军事、经济、文化、政治等各个领域都是当今新时代下世界的重要关注点，都可能成为居心叵测之敌人的“进攻”目标。为了保护国家安危，我与其他十四亿中国人一样，都应该秉持一颗红心，一腔热血，一股坚定的爱国热情，立本身，护家国，尽己责。

原因无他，只是国家安危在我身。

胸怀千秋伟业，恰是百年风华

何金原

（山东大学数学与统计学院2020级数据科学专业）

习近平总书记说："中国共产党立志于中华民族千秋伟业，百年恰是风华正茂！"在我看来，中国共产党之所以能从五十余人的小党发展成领导全中国的执政党，能从上海石库门迈向井冈山的险崖、走过延安的窑洞、最终建立新中国，与"坚韧"二字关系甚为密切。尽管单单"坚韧"二字不足以概括这个世界上最大的政党的全貌。许多优秀的品质和特点支撑她一路走来：艰苦奋斗、心系人民、思想引领、实事求是……每个人都能从不同的角度给出自己的见解。我今天重点想说的，就是她的坚韧性。

天安门广场是许多中国人尤其是老一辈人心驰神往的地方。"中华人民共和国万岁""世界人民大团结万岁"和巨幅的毛泽东主席画像令每一个游览者不可抑制地澎湃起身为中国人的自豪。每天清晨，五星红旗随着第一抹朝阳冉冉升起28.3米，寓意着中国共产党人经历了28年3个月的艰苦卓绝的斗争才得以见证这面五星红旗的升起。28年3个月时光，恰似一个呱呱落地的婴儿长大成为"有着铁一般的胳膊和腰脚"的青年。中国共产党如今百岁之龄，依然散发着崭新的热情和能量。

中国共产党依靠最广大的农民夺取了全国政权。我们翻开历史一查，自封建社会以降，农民起义和战争不在少数。"陈王奋起挥黄钺"，开秦亡之先声，而事业未成；落第的黄巢攻入大唐的国都长安，胸怀"满城尽带黄金甲"的豪气，却最终在狼虎谷丧命；闯王李自成在紫禁城过了四十余日的皇帝瘾，清兵一至便仓皇逃窜；近代之太平天国纵横十余年而为中外联合反动势力所绞杀。中国共产党能够以五十余人开先路，千余人挺进罗霄，万余人挥师两万五千里汇成一道钢铁的洪流，28年而告其成功，其中之坚韧，岂能为两千年中农民战争企及？

中国共产党刚刚成立六年便受到了反动势力最为疯狂的清洗，数十万革命爱国人士在反革命政变中遇害。国民党右派幻想着用屠刀和鲜血将共产党人的革命理想化为灰烬，直至22年后才被迫认输。一批批革命志士走向刑场，并没有使中国共产党犹豫退缩。“烟雨莽苍苍，龟蛇锁大江。”“八一”南昌的枪响、湘赣边秋收起义的号角点燃了中国共产党人坚韧的革命热情。

革命之艰难还不仅仅在于流血牺牲，更令人困惑的是曙光的遥不可及。眺望北方俄国的布尔什维克党，在资产阶级革命完成不出一年的时间便在阿芙乐尔巡洋舰的炮声中将镰刀锤头旗插上冬宫，缔造出世界上第一个社会主义共和国。显然，中国革命的道路，比俄国更为艰辛。

坚持还是动摇？面对“红旗能打多久”的疑惑，一篇至今读来仍是朝气蓬勃的《星星之火，可以燎原》诞生了。“但我所说的中国革命高潮快要到来，决不是如有些人所谓‘有到来之可能’那样完全没有行动意义的、可望而不可即的一种空的东西。它是站在海岸遥望海中已经看得见桅杆尖头了的一只航船，它是立于高山之巅远看东方已见光芒四射喷薄欲出的一轮朝日，它是躁动于母腹中的快要成熟了的一个婴儿。”毛泽东以常人难以企及的目光眺望到中国革命的胜利，引导着工农红军在艰苦环境中坚韧斗争。

两万五千里长征是中国共产党成立以来最为生死攸关的时刻，革命的火种生生不息，闪亮的红星照耀中国！“红军不怕远征难，万水千山只等闲”，坚韧的品格在这样的锤炼下融入了中国共产党人的血液，它是任何苦难与挫折都击不垮的强劲力量，愈是艰险，愈见其辉煌！

不论顺境逆境，坚韧的力量始终是中国共产党前行的动力。李大钊在《艰难的国运与雄健的国民》中讲得好：“历史的道路，不全是平坦的，有时走到艰难险阻的境界，这是全靠雄健的精神才能够冲过去的。”我辈今日所处的中华民族伟大复兴的道路，也不是鲜花遍地、歌舞升平的道路，是“看似寻常最奇绝”的险路。因而身为青年，必得拿出先辈披荆斩棘、开天辟地的坚韧精神。以十字概括之最为恰当：世上无难事，只要肯登攀。

品味家国情怀　上好大思政课

马克思是个“好医生”

丁语嫣

（山东大学机电与信息工程学院 2017 级测控技术与仪器专业）

如果非要给马克思的工作定性，那么“好医生”之谓倒也合适。“马医生”以一己之痛为代价，望闻问切，花了二十年的时间，准确诊断出资本主义社会的病灶所在，于 1867 年开出了《资本论》（第一卷）这样一份“诊断书”。好医生，自然有其独到之处，“马医生”的高明之处在于其预见性，虽历时良久，如今这份“诊断书”对资本主义的“先天性心脏病”仍然适用。从《共产党宣言》预见全球化将成为不可逆转的趋势，到 2008 年金融危机中西方社会重新发现《资本论》的价值，马克思“诊断书”的确切，在历史和现实中一再得到验证。

《资本论》的伟大之处就在于通过最普通的现象，用唯物史观作为一种思想的工具和方法论，用强大的逻辑解释了剩余价值的秘密，带给了工人醍醐灌顶的教育，从《共产党宣言》再到《资本论》彻彻底底地对资本主义进行剖析，影响深远。

通过《马克思是个好医生》，我了解到，马克思不仅是位奇才，而且他还付出了常人难以想象的努力。马克思致力于政治经济学研究四十年，而且是在物质生活如此匮乏，甚至是几无立足之地的情况下，从资本主义生产过程、流通过程到资本主义生产方式，面面俱到，可以想象马克思在写作《资本论》时付出了多么惊人的劳动。他的理论能够延续至今是不无道理的。反观这些年资本主义的发展状况也证明了马克思理论的正确性，经济危机、金融危机、次贷危机，这些资本主义“先天性心脏病”频发，资本主义不愿意接受马克思给它开的这份“诊断书”，却一遍又一遍地翻看《资本论》，找“马医生”来治病。资本主义国家一方面讳疾忌医，一方面又离不开这个“药方”，可谓矛盾至极。

今天的资本主义看似风平浪静，但世界波诡云谲，资本主义基本矛盾依然存在，潜在危机一触即发。新时代青年学习马克思主义政治经济学，是十分必要的。可能有些人难免有一些疑问：现在时代发展如此之快，形势千变万化，一百多年前的理论还能适用吗？显然，答案是肯定的。历史的河流滚滚向前，但所谓“大浪淘沙”，剩余价值理论学说穿越古今，历久弥新，马克思主义依然闪闪发光，成为指导诸多国家前行的坚实的理论力量。且不说以其为指导思想的社会主义国家，纵使是讳疾忌医的资本主义国家也常常求助于《资本论》。我国步入社会主义建设的新时代，发展正当时。走在中国特色社会主义道路上的新青年，更需要意识到，新时代的长征路已经启航，新时代的接力棒已经传到我们手中。建设新时代中国特色社会主义，我们重任在肩！

将生命释放于远山长空

肖思清

（山东大学商学院 2019 级会计学专业）

阅读这本书时，屋外的风吹得正紧，冷风顺着我的裤脚直往皮肤里钻。可是我却能感受到我的体内有一股奇异的热量在燃烧，我几乎兴奋得想要站起来，去振臂高呼，去改变世界。这股热量的来源就是我阅读的一本薄薄的书，由日本学者内田树和石川康宏所写的《青年们，读马克思吧！》

读读这些令人振奋不已的句子吧："代替那存在着阶级和阶级对立的资产阶级旧社会的，将是这样一个联合体，在那里，每个人的自由发展是一切人的自由发展的条件。""无产者在这个革命中失去的只是锁链。他们获得的将是整个世界。"

我不敢说我读懂了马克思深奥的理论，但是我几乎可以透过这些白纸黑字，看到马克思宏伟的世界观和人生观。马克思在思考问题时总是站在全人类的视角上："在选择职业时，我们应该遵循的主要指针是人类的幸福和我们自身的完美。""人只有为同时代人的完美、为他们的幸福而工作，自己才能达到完美。"世界上大概不会有人不为马克思的格局震撼吧！当我们将生命局限于狭小一隅，我们感到的就将是可怜的、有限的、自私的乐趣。而当我们将生命释放于大地长空、远山沧海，这感觉就将变得开阔而永恒。我想，这才是生命的大境界，而拥有大境界的马克思无疑拥有了超出常人和时代的幸福和快乐。

尼采的一句话令我印象深刻："一个人知道自己为什么而活，就能忍受任何一种生活。"所以，才有了他这只孤独的野兽。我想，鲁迅先生也是这样一只独行的猛兽。在多数人的蒙昧中，为了未来人们的幸福，即使四处碰壁，他也要“横眉冷对千夫指”，也要孤独地前行。在一定意义上，马克思同样如此。工业革命后的世界，工人们从事着不断异化的劳动。工人的生命已不再属于工人自己，而属于他的工作对象。于是马克思出现了，他涉猎当时所有的思想和学问，取其精华，去其糟粕，以最快的速度创造“属于自己的语言、自己的思想”，去为社会的大多数人谋福利。

马克思不被视野局限，他想要全面了解社会的构造和历史的大无畏精神，让我感到了前所未有的震撼。石川康弘先生同样感到震撼，在他看来，马克思那种宏大的视角、思考问题的大胆方式是前所未有的。比如马克思和恩格斯在《共产党宣言》最后写道：“全世界无产者，联合起来！”用友爱的语言结束了这份极具战斗力的宣言。这是一种非常人性化的姿态，它表明真正的革命宣言不会是宣扬“憎恨”和“破坏”的语言，而是“友爱”和“合作”的。石川先生认为这样的姿态就决定了马克思已经远远超越了19世纪、20世纪无数平庸的革命家。

所以，像马克思一样，将生命释放于远山长空，相信人生的主观能动性。这时，生命的境界始大，未来在迎接我们！

理想永不磨灭，奋斗永无止境

董　诺

（山东大学商学院 2020 级金融学专业）

十分惭愧，时隔两年才知道这部讲述马克思一生的国产动漫，引人入胜的形式加上神圣般的伟人让我们倍感亲切，也让更多人愿意去了解马克思，更深层次地了解马克思主义，为什么被赋予至高无上的意义和荣誉，为什么中国共产党坚定不移以此为第一要义。除了课本上对马克思的描述之外，我们应该更加全面立体地认识这位鲜活的人物。

马克思主义的来源并不只有德国古典哲学、英国古典政治经济学和英法空想社会主义，这与马克思所看过、听过、经历过的一切有着不可分割的关系。马克思主义也并非一句辩证唯物主义和历史唯物主义能够全面涵盖，它凝结着马克思的一生和无数人的努力和奋斗。

正如该片简介所言，《领风者》讲述了影响世界的革命领袖卡尔·马克思的一生。马克思是顶天立地的伟人，他穷其一生构建的思想体系唤醒了全世界沉睡中的无产阶级，深刻影响了世界历史发展的格局。马克思也是有血有肉的常人，他与燕妮不顾众人反对的爱情，他与恩格斯差点错过的友情，他哲学思想的演变，他影响世界的政治经济学思考，他对无产阶级革命的贡献，他伟人的一面和他常人的一面，都成为传世佳话。

都说人生由三部分组成——性命、生命和使命。生命，我们每个人都有，这是父母给予我们的。在生活的过程中，我们体会生命的意义，但如果要让自己的每一天都充满意义，那么我们应当在学习和发现的过程中去领悟我们的使命，每个人的使命都是不一样的。马克思和恩格斯在领悟到自身使命后便开始了实现伟大使命的一生,并为之奋斗一生。

人生最幸福的事莫过于为理想而奋斗,而不是为了个人得失蝇营狗苟。马克思是幸福的,正如动画里说的,“法律是个人名利的敲门砖,可他却想为了理想奋斗”。马克思可以通过做一名律师过上体面的生活,可他却选择了艰辛的道路。但他是幸福的,他有爱他的燕妮,有一生忠实的朋友恩格斯,有终其一生为之奋斗的事业。

人生如此,夫复何求?

这部动画片不仅让我获得了精神上的愉悦,还从根本上帮我找到了解决人生中遇到的问题的解决方法——马克思主义。当我认真学习马克思的哲学思想的时候,我发现马克思主义不仅伟大,而且实用。这是一个能真正解决人自身问题的方法集合。我像马克思通过理论结合实践发现黑格尔辩证法的伟大之处时一样兴奋,恨不得去拥抱每一个我遇到的人,告诉他们我找到方法了!

关于学习,通过观看此影片,我印象最深的便是,贯穿全片,马克思都没有停止过学习的脚步。从波恩到柏林,再到巴黎、布鲁塞尔,最后到伦敦,大英博物馆的脚印便是最好的证明。我们最应该也最有可能学习到的,便是马克思这种学习态度,活到老学到老,若想获得成功,学习注定是必不可缺的。

“士为知己者死。”马克思的友情和爱情我不再赘述,期待朋友们能和我一样到这部动画中去领略。一路走来,马克思经历了无数的困难,而恩格斯的雪中送炭、燕妮的坚定选择都是马克思的支柱。当然,成功还需要明确的目标,马克思在中学毕业论文《青年在选择职业时的考虑》一文中便早已表现了他的雄心壮志,这在今天对于我们仍然具有指导意义。我们的眼光不应该仅仅局限于对金钱和地位的追求,它们或许也很重要,但绝不是最重要的,我们更应当去做的,是追寻自己的理想。

马克思的经历并不仅仅是谈资,更是一份人生指南。

一个高尚的人——白求恩

李晟邦

（山东大学机电与信息工程学院 2017 级计算机专业）

1890 年 3 月 3 日，亨利·诺尔曼·白求恩出生于加拿大安大略省北部的格雷文赫斯特小城一个牧师家庭。少年时期，白求恩就表现出了强烈的冒险精神以及对医学的兴趣。他曾经独自到离家很远的多伦多去“尝尝探险的滋味”，也时常会抓一些昆虫、鸟类进行解剖，研究它们的生理构造。对医学的浓厚兴趣决定了他的人生——1916 年，白求恩从多伦多大学医学院毕业，获得了学士学位，又通过自己的努力先后被录取为英国皇家外科医学会会员、英国皇家外科医学院的临床研究生。他发明和改进了 12 种医疗手术器械，还发表了 14 篇有影响的学术论文，为加拿大以至世界的医学事业作出了巨大的贡献，也因此被选为美国胸外科学会会员、理事。

或许是亲身经历了第一次世界大战，目睹了尸横遍野、民不聊生的悲惨画面；亦或是曾经患上肺结核，在死亡边缘体验的影响，白求恩产生了一种悲天悯人的情感以及伟大的革命情怀。1935 年 11 月，在第二次世界大战爆发前夕，白求恩毅然加入加拿大共产党，并在 1936 年的寒冬志愿前往西班牙参加反法西斯斗争。1937 年 12 月，他又来到纽约向国际援华委员会报名，主动请求组建一个医疗队到中国北部和游击队一同工作。就这样，几乎在一个月之内，白求恩便带着足够装备几个医疗队的药品和器材，从温哥华乘海轮前往距离自己的家乡上万公里外的香港。在漫长的旅途中，是什么萦绕在这位英勇的国际共产主义者的心头？是救死扶伤的高尚情怀，是帮助世界人民脱离战争的美好愿望，是对家乡朋友、同志的思念，还是对亲人的不舍以及愧疚？我们不得而知。但是，白求恩那光辉的形象，从此开始深深扎根在人们心中。

1938年3月31日，白求恩率领一个由加拿大人和美国人组成的医疗队来到延安，毛泽东亲自接见了他们，并表达了对他们的感谢。7月初，他带领医疗队回到冀西山地参加军区卫生机关的组织领导工作。他创办卫生学校，培养了大批医务干部，并编写了多种战地医疗教材。

白求恩觉得自己做得还不够多，在高涨的革命热情的驱使下，1938年11月至次年2月，他率医疗队到山西雁北和冀中前线进行战地救治。4个月里，他们的行程超过750公里，大大小小的手术做了300余次，建立手术室和包扎所13处，救治了大批伤员。他还主动给伤员献血，挽救其生命，也因此获得了"群众血库"的美称。

1939年7月，连续十几天的特大暴雨使唐河水位猛增，泛滥成灾的洪水威胁着卫生学校的安全，上级也决定转移学校。当时没有渡船，大家便用大笸箩绑在梯子上当运载工具。白求恩和突击队的小伙子们跳进水中，十人一排，手挽手，一趟一趟来回运送着物资。

1939年10月，在河北涞源县的一次战斗中，白求恩在抢救伤员时左手中指被手术刀割破。在那个兵荒马乱的战争时期，医疗资源极度匮乏，任何一处小小的伤口都可能是致命的。也就是这一处伤口，导致了后来他在手术时不幸感染，后转化为败血症，医治无效逝世，年仅49岁。

近日，《人民日报》公布了白求恩的遗书。这位真诚朴实的国际志愿者在临终前说出了他因自己患了结核病才坚持与妻子离婚以免拖累对方的实情，对前妻的愧疚以及对自己后事的安排。他的遗产少得可怜，但他还是全部分给了自己周围的人，其中主要是一些诸如毯子、皮鞋、蚊帐一类的生活用品以及一些书籍、医疗器械。在濒临死亡的一刻，他的心里却还装满了别人。看到这一简短的遗书，无数网友都为之动容。

白求恩虽然离我们远去了，但他的高尚情操却永远闪耀在我们心中，他的事迹一直广为传颂。

做新时代的螺丝钉

李　丹

（山东大学商学院 2019 级人力资源专业）

数风流人物，还看今朝。在人类日益成为一个命运共同体的今天，世界从来没有如此关注中国。历史的机遇，再次向这个古老而青春的国家展开怀抱。这是中国特色社会主义事业乘风破浪的“飞跃期”，是中国特色社会主义制度精进臻善的“成熟期”，是中华民族迎来伟大复兴的“关键期”，是世界格局剧烈变动的“重塑期”，也是中国共产党带领人民而今迈步从头越的又一个“创业期”。

这个时代崭新而亟待变革，迷人又充满挑战。在这个伟大的时代，无数志士仁人傲立潮头，为祖国燃烧自己的一生。作为一名大学生，我的人生理想就是做一颗新时代的螺丝钉，不汲汲于成就，无愧于赤子之心，于一隅之地，踏实且持之以恒地做好自己的本职工作。

雷锋曾在日记中这样写道：“如果你是最小的一颗螺丝钉，你是否永远坚守你的工作岗位？”在我不到二十年的青春年华里，我见到了许多卓越无私的人，也了解到许多为祖国作出重大贡献的前辈。有感于这些前辈的傲人成就，我扪心自问：自己也能如他们一般为我的祖国释放出超越平凡的巨大力量吗？答案是不确定的。也许我只是这个滚滚尘世一粒毫不起眼的沙子，也许我只是一部精密仪器中的小小部件，但如同苏东坡先生的“此心安处是吾乡”，于我而言，做一颗祖国的螺丝钉，平凡却不平庸，微小却又坚韧，这便是我人生最好的状态，这便是我此生最好的归宿，这便是我的心安之处。

当然，做一颗祖国的螺丝钉，这并不意味着，我是思想懈怠、保守过时。习近平总书记也曾说过:“像雷锋一样,甘愿做一个‘螺丝钉’,是永远都不会过时的精神和价值追求。”在这个日新月异的时代,要想做一颗能配得上大踏步前进的祖国的螺丝钉,我就要保持自己思想的先进性、纯洁性,坚定信念,做思想上永不生锈的螺丝钉。刀不磨不快,人不学不懂。螺丝钉能保持永不生锈,就是因为它始终在钻研、琢磨。甘做一颗螺丝钉,就要保持不断学习的状态,能够与时俱进地学习党的新理论新思想新方略,让思想永不生锈;能始终保持思想上的最佳状态,进一步坚定理想信念,在实现党的历史使命的新征程中,保持思想不褪色,为行动不掉队打下良好的思想基础。

将先进思想、坚定的信念内刻于心之后,更要外化于行,行动上永不懈怠。“实干兴邦,空谈误国。”习近平总书记在十九大报告中也强调:“中华民族伟大复兴,绝不是轻轻松松、敲锣打鼓就能实现的。”在新时代的长征路上,应对挑战和困难的最好武器就是实干和担当。我要像螺丝钉一样,在岗位上承担起自己的责任,踏实地干好自己的本职工作,跟着祖国的步伐,一步步朝着宏伟蓝图前行。

思行并举之余,我还要做到“苟日新,日日新,又日新”,勤于省身,不断革新。

做一颗新时代的螺丝钉,不汲汲于成就,无愧于赤子之心,于一隅之地,踏实且持之以恒地做好自己的本职工作,“功成不必在我,功成必定有我”,这就是我愿意终其一生为之奋斗的人生理想!

让劳模精神不断发扬光大

孟　霞

（山东大学东北亚学院 2019 级日语专业）

“劳动是一切幸福的源泉。”习近平总书记在全国劳动模范和先进工作者表彰大会上指出：“光荣属于劳动者，幸福属于劳动者。”“社会主义是干出来的，新时代是奋斗出来的。”“劳动模范是民族的精英、人民的楷模，是共和国的功臣。”他们犹如闪亮的坐标，坚守岗位、初心不改，在实现国家富强、民族振兴、人民幸福的追梦路上，用自己的奋斗故事诠释着劳模精神、劳动精神、工匠精神。

人民创造历史，劳动开创未来。“民生在勤，勤则不匮。”中华民族是勤于劳动、不畏艰苦的民族。也正是因为劳动创造，我们拥有了辉煌的历史；也正是因为劳动创造，我们拥有了今天的成就。社会主义是干出来的，幸福是奋斗出来的。回望来时路，70 多年来，广大劳动者在中国共产党的带领下，以艰苦卓绝的努力、筚路蓝缕的奋斗，实现了一个又一个“不可能”的目标，创造了一个又一个难以置信的奇迹。在新中国建设发展列车上的人，都不是站台上的观望者、懈怠者。奋战在脱贫一线的驻村干部、肩扛道义守护一方的人民警察、城市的建设者、乡村的耕耘者，亿万人民在祖国的大地上挥洒汗水、筑梦未来，在祖国广袤的土地上书写了 14 亿中国人民伟大奋斗的历史新篇章，成就了一个充满魅力的现代中国，让我们今天无比接近中华民族伟大复兴的梦想。

伟大时代呼唤伟大精神，崇高事业需要榜样引领。习近平总书记指出：“我们所处的时代是催人奋进的伟大时代，我们进行的事业是前无古人的伟大事业，我们正在从事的中国特色社会主义事业是全体人民的共同事业。”因此，在前进路上,我们始终都要崇尚劳动、尊重劳动者,弘扬劳模精神、劳动精神,为中国经济社会发展汇聚强大正能量。展望未来,站在“两个一百年”奋斗目标的历史交汇点上,党的十九届五中全会规划了我国进入新发展阶段的宏伟蓝图,引领我们迈向全面建设社会主义现代化国家的新征程。立足新发展阶段,贯彻新发展理念,构建新发展格局,推动高质量发展。回首过往,我们栉风沐雨,沿着奋斗征程的时间节点,节节取胜;面向未来,我们还要又一次出发,跋山涉水,铸就历史伟业。当此之时,无论是继续涉险滩、啃硬骨头,还是推动更深层次改革、更高层次开放,都必须重视发挥工人阶级和广大劳动群众的主力军作用,以劳模精神为指引,高扬奋斗之帆、紧握奋斗之桨,昂扬前进,开启新征程,奋进新时代,从而将宏伟蓝图变成现实成果。

新时代为每个人提供了无比广阔的人生舞台,呼唤人民通过勤奋工作、努力奋斗创造更加幸福美好的生活。在实践中体悟劳模精神,用具体行动诠释劳模精神,像广大劳动模范那样“干一行,爱一行,钻一行”,让劳模精神不断发扬光大,我们就能奋勇向前、勇攀高峰,汇聚起风雨无阻向前进的强大精神力量,在中国共产党领导下继续向着全面建设社会主义现代化国家的新征程奋勇前行。

一座永远矗立在人民心中的丰碑

刘璐瑶

（山东大学商学院 2019 级会计学专业）

有一种精神，能穿越时空，依旧鲜活生动；有一种力量，能跨越山河，永远直击心灵。

在河南兰考，有这样一首广为流传的歌谣："泡桐树啊叶叶绿，看见泡桐就想起了您，就想起了您……"被兰考人民赞颂的就是兰考县委书记焦裕禄。

焦裕禄，被称为"人民的好公仆"，在兰考兢兢业业工作了 475 天，病逝在工作岗位上。四百多个日夜，焦裕禄奔走在风沙间、暴雨里、烈日下、乡亲旁，他与兰考群众形成了深厚的血肉之情。他走遍了全县 120 多个大队，查清了全县大小风口和沙丘，逐个编号绘图。他和调查队的同志同甘共苦，经常在齐腰深的水里啃干粮，半蹲在泥泞中喘息。他忍受着病痛，拖着病重的身体为百姓拼命工作到最后一刻。"为官一任，造福一方，遂了平生意。"1990 年，时任福州市委书记的习近平读到他的事迹后真情流露，写下了感人至深的《念奴娇·追思焦裕禄》。

1964 年，这位"党的好干部"因肝癌逝世，年仅 42 岁。他心里装着人民群众，却唯独没有他自己。在生命的最后时刻，病床上的他依然惦记着兰考的沙丘、盐碱地、泡桐树和十万百姓。他曾向组织申请，死后把他葬在他心心念念的兰考，他说："活着我没有治好沙丘，死了也要看着你们把沙丘治好。"当焦裕禄的骨灰回到兰考时，近十万群众前来送葬，每个人都自发穿上了孝服，只为能够送这位好干部最后一程。今天，不管什么日子，焦裕禄的墓前每天都会有人来祭扫，墓前每天都会摆上新鲜的贡品。当地的农民有了高兴事就来和焦书记分享,有了烦心事也来和焦书记倾诉,他们从心底把焦书记当成了自己的家人。“百姓谁不爱好官?把泪焦桐成雨。生也沙丘,死也沙丘,父老生死系。”父老对谁生死系?一定是走进父老心里的人。

据说,电视剧《焦裕禄》的编剧何香久为了写出生动的剧本,特地借阅了当年兰考县委的档案。400多天的记录里,焦裕禄几乎天天有故事,天天都在帮老百姓做事,时时都在为百姓着想。编剧看着这些档案,哭得泣不成声。剧本写到动情处,甚至往往要蒙上被子大哭一场,才能继续写下去。电视剧《焦裕禄》在央视一套首播的第一天,兰考那天晚上鞭炮声响个不停。

如今,“焦裕禄”变成了人们心中的一种精神,不会因岁月的尘封而黯淡,不会因时间的流淌而褪色。昔日风沙口,今日变良田。在那片泡桐成林的地方,他当年亲手栽下的幼桐已长成合抱大树,泡桐花竞相绽放,泡桐树根深深地扎进了兰考的土地里。人们每次路过,都会亲切地唤它的另一个名字——“焦桐”。

永不换岗的英雄

沈　莉

（山东大学商学院 2017 级金融学专业）

北纬 34°31′，东经 119°52′，距离连云港灌云县燕尾港 12 海里有一座与世隔绝的小岛——开山岛，江苏省灌云县开山岛民兵哨所所长王继才，将最美的青春时光献给了这座环境恶劣、资源匮乏的孤岛。32 年，错过了女儿的婚礼，老父老母去世也未能陪在身边，可是岛上的每一次升旗，他从未缺席，每一天的日志，也从未空缺。

孤独、艰辛都从未动摇他的决心，作为一名共产党员，他为国家守着那一方小岛，守着背后千万的民众。看着别人发家致富，他甘愿守着礁石林立的小岛，将精神财富传承。他用他的真诚感动了国人，平凡的人平凡的路，坚持下去就是为国家为社会担起应负的责任。作为一名哨所所长，他接下了别人难以忍受的工作，无怨无悔，离开亲人、乡邻甚至幼小的子女，拿着微薄的薪水，过着艰苦的生活，这样的日子一过就是 32 年。善良勇敢又坚韧执着的王继才，几十年里为海上的渔民指明方向，升起的鲜红的国旗鼓舞与感染四面八方的民众，一颗忠诚朴实的心感动千万群众，他是人民心中的英雄。

32 年的守岛生活，不仅有自然的严酷挑战，还有不法分子的威逼利诱。开山岛由于其独特的地理位置，成了违法犯罪分子眼中的一块“肥肉”，因此给王继才带来了不少麻烦。金钱的拉拢，绑架的威胁，一切手段在王继才面前都毫无作用，他以一颗正直守法爱国的心一一破解，不法分子只能望而却步。王继才其实就是“不忘初心、牢记使命”的真实写照。从当初决心留在无人坚守的开山岛，他便自始至终，坚持原则，从不忘记使命与职责，在一切困难面前都坚守底线，毫不动摇。32 年，严守开山岛，没有丝毫差错。他像对孩子一样细心呵护这座岛，每一块石头都有他抚摸的痕迹，岛上的设施王继才都自己查修补漏，他说要让随时驻扎的军队有一个漂亮、完整的军营。赤子之心，坦荡胸怀，纵使不是身处要职，一样令人敬佩，受人尊重。

甘于平凡，不甘于平庸，每个人都有属于自己的道路，并不是每个人都能成为首富，也不是每个人都能博得高官，坚守在自己的阵地上，出色地完成自己的使命，何尝不是一种平凡中的不凡。海风呼啸，蛇虫鼠蚁，又算得了什么，原本荒芜的小岛经过王继才几十年的精心培育，现在有了桃树、梨树、菊花、牵牛花等等。花季的芬芳赞扬夫妻二人的爱国之心，累累硕果甜蜜他们的心田。

向脱贫攻坚战中的英雄们致敬

王依睿
（山东大学商学院 2019 级金融学专业）

历史长河奔流不息，时代发展浩浩荡荡，其间总有一些里程碑意义的时间节点，总有一些载入史册的伟大时刻。2021 年 2 月 25 日，全国脱贫攻坚总结表彰大会隆重召开，习近平总书记在会上庄严宣告："在迎来中国共产党成立一百周年的重要时刻，我国脱贫攻坚战取得了全面胜利。"脱贫攻坚成果举世瞩目。历经 8 年，现行标准下近 1 亿农村贫困人口全部脱贫，832 个贫困县全部摘帽，12.8 万个贫困村全部出列。千年梦想终于实现，这是中华民族的光荣与骄傲。无数人的命运因此而改变，无数人的梦想因此而实现，无数人的幸福因此而成就！打赢脱贫攻坚战，就是打下了全面建成小康社会中最难攻克的堡垒，这为实现全面建成小康社会的目标任务作出了关键性贡献。960 多万平方公里的中华大地上，每个人都是这场伟大史诗般战役的参与者、见证者、书写者。

事非经过不知难，成如容易却艰辛。回首来时路，脱贫攻坚战的每一步都极其艰辛。赢得这场持久战，靠的是党的坚强领导，靠的是中华民族自力更生、艰苦奋斗的精神品质，靠的是新中国成立以来特别是改革开放以来积累的坚实物质基础，靠的是一任接着一任干的坚守执着，靠的是全党全国各族人民的团结奋斗。

一个有希望的民族不能没有英雄，一个有前途的国家不能没有先锋。脱贫攻坚战中浓墨重彩的一笔当属那些战斗在扶贫一线的开路先锋。据统计，全国累计选派 43.5 万名干部担任第一书记，派出 277.8 万名干部驻村帮扶。

他们是一批批“80后”“90后”基层干部。他们脚下有泥土，心中有大爱；他们爬过最高的山，走过最险的路，去过最偏远的村寨，住过最穷的人家，哪里有需要，他们就战斗在哪里。他们为新时代脱贫攻坚目标的圆满完成画上了点睛之笔，正是他们的辛勤汗水和无私奉献铸就了脱贫攻坚战的中国奇迹，其中1800多名扶贫干部献出了宝贵生命，充分彰显了全心全意为人民服务的担当和情怀。

“愿得此身长报国，何须生入玉门关。”2016年，从北京师范大学哲学学院毕业的黄文秀毅然选择回乡奉献，来到广西百色大山深处的百坭村担任第一书记，用短短一年时间将当地贫困发生率从22.88%下降到了2.71%。她将青春深深镌刻在了百坭村的土地上，最后将生命融入了脱贫攻坚的伟大历史征程之中。在百坭村为敲开贫困户的大门，走进他们的心门，文秀书记学会了桂柳话，和老乡唠起了家常，端起了满是茶渍的搪瓷缸，喝下了略显浑浊的玉米酒，铆着劲儿成为贫困户的贴心人，帮助他们甩掉穷帽子。在黄文秀的驻村日记里有一张手绘的满满当当的百坭村贫困户分布图，生动地诠释着她对脱贫攻坚工作的执着与坚守。经过一年的努力，百坭村的路通了，灯亮了，农产品销售渠道打开了……黄文秀却离开了这片她深爱的土地。漫漫长征路，黄文秀把自己变成了脱贫攻坚路上的铺路石，将最美的年华献给了扶贫事业，谱写了新时代的青春之歌。

给人以星火者，必怀火炬。南开大学毕业的研究生侯茶燕，2018年成为云南省曲靖市会泽县驾车乡芹菜村驻村扶贫干部。这位1994年出生的姑娘，没有被恶劣的自然环境吓倒，用3个月时间，遍访了全村152户贫困户、49户非贫困户，绘制了一幅幅带着温度的立体精准扶贫图。初心致远，使命敦行。侯茶燕一直把尽力阻断贫困代际传递作为扶贫的一个目标，学校的孩子们一直是她心头最大的牵挂。买台灯、捐冬衣，做心理疏导……她要为这些孩子们开辟一方新天地。为帮助学生与外界建立更多联系，侯茶燕辗转联系北京多所学校，促成两地学校的对口支援。2020年11月，北京六街小学的36个班级和驾车乡36名贫困学生达成长期互助意向。驾车乡的孩子给北京的小朋友介绍长坪子草山的风力发电，介绍高山梁子的星空和雪；北京的学生则为驾车乡的孩子描绘故宫的历史、长城的雄伟。两个不同地区的同年级孩子，将成为彼此另一双看世界的“眼睛”。侯茶燕用600余天的坚守与付出，帮助芹菜村实现翻天覆地的变化。用新时代青年人的方式，为脱贫攻坚的伟大胜利奉献光和热。

习近平总书记曾说:“崇尚英雄才会产生英雄,争做英雄才能英雄辈出。”砥砺前行中的8年攻坚战,伟大的中华民族书写了一张不屈不挠的奋斗答卷。这份答卷,写在毛相林那条花了7年、在8公里绝壁上凿出的“天路”上;写在白晶莹教导的2万名内蒙古科尔沁蒙古族刺绣工人的绣品上;写在吉林农业大学教授李玉每年有280余天率队躬耕40多个国家贫困县科技扶贫、带动上万贫困户依靠食用菌稳固脱贫的田间地头;写在云南丽江华坪女高校长张桂梅12年来燃烧自己,照亮1800多名大山女孩的大学梦……这份答卷很长很长,写满了一个个平凡英雄不凡的故事,正是他们为贫困地区的乡亲们播撒下改变未来的种子。

合抱之木,生于毫末;九层之台,起于累土。如今的脱贫攻坚战就是那棵傲世而立的大树,就是那座巍峨的九层高台。这一路上千千万万个体的涓滴善意,终将汇聚成整个社会向上向善的澎湃暖流。在脱贫攻坚的战斗中,“了不起”的中国人每一个人都是主角。一批批青年人“学成不忘报乡梓”,网络直播带货、特色乡村打造、金融服务进村,他们将新思想带入家乡,把新产业引入村镇,不断为贫困地区的可持续发展注入源头活水。一个个社区微信群里居民大爷、大妈踊跃购买农民滞销的扶贫产品装点自家的餐桌。众多脱贫群众坦言:只要我们不等待、不观望,发扬“让我来”的精神,一定能过上好日子……正是形成了人人愿为、人人可为、人人能为的社会帮扶格局,众人拾柴为世界徐徐打开一幅山乡巨变、山河壮美的时代画卷。

站在“两个一百年”奋斗目标的历史交汇点上,新的征程已然开启,让千千万万个你我他脚踏实地,勇攀高峰,汇聚起家国同心的磅礴之力为实现中华民族伟大复兴贡献自己的全部力量。

沉痛送别“中国核司令”程开甲

陆勇作
(山东大学机电与信息工程学院2017级计算机专业)

2018年11月17日12时08分,著名物理学家、中国科学院院士、“两弹一星”元勋、我国核武器事业的开拓者之一、核试验科学技术体系的创建者之一程开甲在解放军总医院病逝,享年101岁。

人们称程开甲是“中国核司令”。这不仅是因为他曾经担任过中国核试验基地的副司令员,更是因为他对中国核试验事业所建立的功勋。

为了表彰他的功绩,2014年,中共中央总书记、国家主席、中央军委主席习近平亲自为他颁发“国家最高科学技术奖”证书。2017年,习近平总书记再次亲自为他颁授“八一勋章”。

程开甲院士最后一次公开露面是在2018年3月30日获颁“影响世界华人大奖”终身成就奖颁奖典礼。只不过那一次他是通过视频的形式与公众见面的。从现场可以看到,程开甲在视频里这样说道:“1950年我回到祖国,有幸能在国家从贫弱走向富强的艰难历程中为国防建设尽些绵薄之力,党和人民却给了我很多荣誉。今天这个荣誉也同样属于那些和我一样为了祖国的安全和强大,默默无闻、无私奉献的国防建设者。”从1950年婉拒导师玻恩挽留回到一穷二白的祖国,到1956年加入中国共产党;从1960年加入中国核武器研制队伍,1962年参加中国人民解放军,再到1963年进入罗布泊,在戈壁滩上工作、生活20多年……回望百年人生,程开甲说:“我这辈子最大的幸福,就是自己所做的一切,都和祖国紧紧地联系在一起。”

程开甲一直对小黑板情有独钟。第一颗原子弹采取何种方式爆炸?程开甲就曾在他的小黑板上计算过。当时他否定了苏联专家留下的意见，提出了中国第一颗原子弹采用百米高塔爆炸的方案，并确定了核爆炸可靠控制和联合测定爆炸威力的方法。1964 年 10 月 16 日，中国第一颗原子弹试验成功，他带领团队研制的 1700 多台(套)仪器全部拿到测试数据。有关资料记载，法国第一次核试验没拿到任何数据，美国、英国、苏联第一次核试验只拿到很少一部分数据，而我国首次核试验中 97％的测试仪器记录数据完整、准确。在罗布泊的 20 多年中，作为我国核试验技术的总负责人，他成功地参与主持决策了包括我国第一颗原子弹、氢弹、两弹结合以及地面、首次空投、首次地下平洞和首次竖井试验等在内的多种试验方式的 30 多次核试验。

生命不息，创新不止。20 世纪 80 年代，程开甲提出开展抗辐射加固技术研究。之后，他一直没有停下在此领域开拓创新的脚步，开创了抗辐射加固技术研究新领域，倡导开展了高功率微波研究新领域。95 岁高龄时，程开甲仍然在科学研究的道路上耕耘不辍。他利用“程—玻恩”超导电性双带理论，对赵忠贤院士和美国卡内基研究院毛和光发现的“压力诱发超导再进入”的新的重要现象进行研究。

程开甲一生获奖无数，但对于这些荣誉，他说：“我只是代表，功劳是大家的。功勋奖章是对‘两弹一星’精神的肯定，国家最高科学技术奖是对核武器事业和从事核武器事业团队的肯定。我的目标是一切为了祖国的需要，人生的价值在于奉献是我的信念。”

今天，当我们过着甜蜜幸福的生活，当中国梦凝聚着民族复兴的信念，我们又怎能忘记程开甲！怎能忘记他和他的战友在沙漠深处度过的日日夜夜！历史不会忘记，人民不会忘记，我们不会忘记这位伟大的科学家和他的战友，用他们的无限忠诚、无私奉献，用他们的大爱大勇在共和国的血管里注入的力量，在神州大地播撒的幸福春天！

致敬南海高脚屋里的铁血男儿

吴沁妍

（山东大学商学院 2017 级保险学专业）

在中国海军成立 70 周年多国海军活动新闻发布会上，海军副司令员邱延鹏介绍："今天的人民海军，是一支听党指挥的忠诚之师，是一支能打胜仗的威武之师，是一支作风优良的文明之师。"这是人民海军的自信，是中国的自信，更是令每个青年都热血澎湃的自信！这自信，来自日益精良的军械装备，来自不断强大的中国国力，也来自那些以热血与青春保卫祖国的将士！

在中国的华阳礁，手握钢枪的人民海军守礁官兵，曾经在极恶劣的条件下保卫着我们的祖国。1988 年初，人民海军在南沙海域礁盘上建设第一代高脚屋。当年的高脚屋，为了不被上升的潮水淹没，为了最大限度地延伸视野，四根竹竿支撑起几片篾席、几张油布，面积不到 10 平方米，被战士们形象地称作"海上猫耳洞"。

1989 年，守礁官兵住上了第二代高脚屋，以钢桩为柱，铁皮为墙，稳定性比第一代大大增强，但在天气炎热时，阳光下的铁皮屋如同一个火炉。屋内设施也只有两个水箱，既存储着官兵们的淡水，又是他们吃饭、写字的桌子，睡觉的床铺。守礁初期，条件十分艰苦，换班补给物资都靠官兵肩扛手提运上高脚屋。

上世纪 90 年代的第三代高脚屋大大改善了守礁官兵的生活，它采用钢筋混凝土结构，室内安装海水淡化系统、空调、卫星电话、数字电视等现代化设施。高脚屋的现代化也是中国海军不断向现代化迈进的一个缩影。

现在，虽然守礁官兵的居住条件已大幅改善，但是南海高温高盐高湿多台风的气候却没有变。素有“太阳海”之称的南沙，环境条件十分艰苦。中午最热时，高脚屋内的温度可以高达 60 摄氏度。吹海风也是家常便饭，不少官兵久而久之形成了关节炎、腰肌劳损和胆结石等疾病。沧海孤礁，以礁为家。守礁战士笑称，在这里要过“暴晒关”“用水关”“病痛关”“晕船关”“忍耐关”和“寂寞关”等多关。20 多年来，一代代守礁官兵克服常人难以承受的艰难困苦，守卫着祖国的神圣领土，捍卫着那片晶莹剔透的“海蓝”。

2019 年 4 月 20 日，正值中国人民海军成立 70 周年。这 70 年里，在中国共产党的坚强领导下，人民海军一路劈波斩浪，从当年的渡江渔船，到今日蓝海劈波斩浪的现代化舰队。从无到有，由弱到强，纵横万里海疆，勇闯远海大洋，大踏步赶上时代发展潮流。今天的人民海军，寄托着中华民族伟大复兴的中国梦，承载着中华民族向海图强的夙愿，正以全新姿态屹立于世界的东方！人民海军的不断发展，离不开这些坚守边疆的官兵们的共同努力。

“岁月静好，是因为有人在替我们负重前行。”这些守礁官兵，这些铁血男儿，正是他们在远海礁岛、在边防哨所写就了壮志，用青春描绘着祖国的年轮，用岁月证明了铁人的精神，用生命捍卫了庄严的国门，用坚毅书写了不朽的军魂！是他们的付出让我们有机会生活在一个和平的年代，是他们的付出给了我们自信自强的机会，是他们的付出为中华民族的伟大复兴提供了强大的力量！新时代的中国青年，理应致敬这些最可爱的人！

乘风破浪,不负深蓝

张　蓓

(山东大学商学院 2017 级会计专业)

"今天的人民海军,是一支听党指挥的忠诚之师,是一支能打胜仗的威武之师,是一支作风优良的文明之师。"在人民海军成立 70 周年活动新闻发布会上,海军副司令员邱延鹏的发言彰显了作为一名中国海军的自信。如今的中国海军,已成为守护国家安全的中坚力量,同时也在各种国际事务和争端中扮演着重要角色。

回顾海军的发展历程,我们看到的是数代人的努力拼搏和短短 70 年中国海军经历了从无到有、从空缺到完善、从薄弱到强大的沧桑巨变。新中国成立以来,科技进步日新月异,综合国力今非昔比,这也为人民海军的诞生创造了必要的条件,为军备力量的发展注入了强大的动力。1949 年 3 月 24 日,毛泽东同志指出,中国人民必须建设强大的国防,除了陆军,还必须建立自己的空军和海军,而后组建起了一支保卫沿海沿江的海军部队。1949 年 4 月 23 日,人民海军诞生;1949 年 8 月 15 日,华东军区海军在南京成立海军学校;1949 年 10 月 1 日,开国大典上,第一支海军受阅部队接受检阅;1989 年,中央军委批准确定 1949 年 4 月 23 日为人民海军成立日;2012 年,中国海军首艘航母"辽宁"号正式入役;2017 年,中国 055 大型驱逐舰首舰下水……70 年来,在党中央、中央军委的正确领导下,几乎从零起步的人民海军不断壮大,走上了建设发展的快车道,陆续组建了五大兵种体系,逐步发展成为一支多兵种合成、具有现代化综合作战能力的海上力量。

中国海军的发展壮大,同无数不畏艰险、默默付出的官兵们是分不开的。

在危机四伏的和平年代，他们一丝不苟地执行着巡洋任务，将热血挥洒于海洋，将生命交付给海军。如果海军是远洋战争的利剑，那么潜艇就是锋利刃尖上的一点寒芒。海军“372”潜艇就书写了一场关于生命与使命的深海奇迹。在一次战备远航训练任务中，“372”突遇重大险情，潜艇“断崖式掉深”，支队长王红理沉着冷静果断指挥，全力抢修破损管路，封闭主机舱，供气阀门持续高压供气。三分钟之内，“372”潜艇完成了不可能的任务，全艇各个舱室，数十种电器设备，上百个阀门，无数的电路与零件……仿佛一场刀尖之于心脏的大型手术，“372”全艇官兵作出了所有正确的选择，拼尽了全力。全艇官兵舍生忘死奋力排险，最终克服重重困难，化险为夷，圆满完成了后续任务。

与死神打交道是海军官兵的家常便饭，在岁月静好的背后，他们却将整片大海扛在肩上。他们奋战在一线，将国家利益放在首位，巡航、演练、侦察反侦察，每一天都在困难与磨炼中度过。深蓝的海水就是他们的血和汗，就是他们的一切。“372”在海军中并不是少数，我们的海军是威武壮大的，是值得信赖的，是堪当大任的。破阵杀敌的剑刃，终要经过水深火热的淬炼，只有化入烈火，才能溶于深海。

不管是过去还是现在，海上安全始终是国家安全的重要方面。海洋的重要性是不言而喻的。当今世界陆地资源日渐枯竭，但海洋中还蕴含着丰富的资源尚未开发。谁拥有了海洋谁就会在以后的世界中占据主导地位。中国的周边形势不容乐观，全球性海盗和武装截船犯罪日益猖獗，海洋权益之争愈演愈烈，南海争端、钓鱼岛问题、黄岩岛对峙等也是制约中国经济发展的瓶颈。因此，加强海军建设是国防事业不可忽视的重要一环。

为庆祝中国海军70华诞，2019年4月23日，中国举行海上阅兵，来自10多个国家的约20艘军舰以及来自亚洲、非洲、欧洲、美洲和太平洋地区的约60个国家的代表团参加阅舰式。海军副司令员邱延鹏说道：“它们都是各国海上力量的代表，将与中方舰艇一道，向世界展示维护和平、共谋发展的坚定决心。”中国海军在世界面前展示了自己的实力，并庄严宣告：我们有力量捍卫国家安全，我们有使命维护和平与发展。

近代中国蒙受了太多的苦难，中国人民深知和平之宝贵，也从未忘记捍卫和平与发展。中国海军是蛰伏于深海的蛟龙，铭记着中华民族曾经的屈辱，对党忠诚，将国家利益放在首位，背靠无边的大海，守护民族的未来！

向英雄致敬

张先赛

(山东大学商学院 2019 级金融学专业)

新年伊始,不论是看电视、刷视频,还是刷微博,看新闻,点点滴滴的日常生活似乎全被新冠肺炎病毒这个神秘而又令人心惊胆战的“不速之客”裹挟着。

在形势如此严峻的情况下,一个被称作“逆行者”的角色成为人民心中最温暖的存在。他们像地上刚发芽的小草,让我看到了生命的跻劲。即使生命脆弱易逝但每个跳动的瞬间仍然是热血燃烧的,是激情四射不可遏制的。他们像是蜡烛,默默地燃烧自己为社会奉献光亮。这是一种怎样的勇气——“明知山有虎,偏向虎山行”;这是一种怎样的信仰——“先天下之忧而忧,后天下之乐而乐”;这又是一份怎样的情怀——“我不入地狱,谁入地狱”。他们更像是春天派来的使者,洒下一片光明,带来生的希望。因为他们的挺身而出,我们矢志不渝地相信着“没有一个冬天不可逾越,没有一个春天不会到来”。是他们让全国人民看到了人类面对重大疾病的谋略和勇气,更是他们让全国老百姓感受到了温暖与奉献。

他们是名副其实的“英雄”。

自打响疫情阻击战以来,来自全国各地的医疗团队和医护人员,其中有来自中国名牌大学医学院的医学生们,有来自各省市三甲医院的经验丰富的医生护士们,还有来自国外的医疗团队以及华人华侨自发组成的医疗救援队,他们纷纷驰援武汉。有的医生护士献出了宝贵的生命,但他们依然前赴后继、义无反顾。曾有的“一方有难,八方支援”令人动容,而今的“八方有难,我要支援”更让我潸然泪下。何谓“国家”？有句歌词诠释得很到位——“家是我的国，国是我的家。家国本一体，有国才有家。”尤其对中国人而言，家国情怀更是自古以来根深蒂固，融入血脉化作民族记忆、民族特质。我想这也正是广大医护人员在疾病来袭时迎面而上、毫不退缩的精神支撑和动力源泉吧。脚下是喂养哺育他们的沃土，背后是同根同源的兄弟姐妹的支持，更有全国人民的祈祷与祝福。他们不是孤军奋战，他们是先锋，还有亿万同胞做他们的后盾，待到凯旋日，与君同欢庆。

当然，可以说疫情中每个积极响应抗疫号召、为抗疫事业作出贡献的平凡人都是“英雄”。或许他们普普通通而又简单平凡，但此时的他们就像那夜里最闪亮的星星，为走夜路的行人送去光明和慰藉。他们是冲锋在前、顽强拼搏的共产党人，是日夜奋战、救死扶伤的医护工作者，是坚守岗位、日夜值守的广大疾控工作人员，是疫情中逆行的快递小哥、环卫工作者，也是做好自我防护宅在家里不乱跑、不添乱的广大人民群众。他们从事的工作或许是又脏又累的，但他们的身影、他们的行动构成了每个城市最靓丽的风景线。他们就像是跳动的音符，却奏出了生命伟大的赞歌。

之前流传在各大网络媒体上的一位武汉大学生尤其让我印象深刻。过年前夕他带着和众多大学生相似的团圆梦踏上了归家的列车。不幸的是他却被病毒感染了。冷静、果断而又明智的选择引导着他一下火车便主动去到体温监测处诊断，从而将传染风险降至最小。他用自身的隔离换取了家人和他人的健康平安，更用身为一名当代大学生的良知与敏锐换得了巨大的防疫成果。他的事迹令我感动，更令我震撼，不知为什么，我更加钦佩于他的决定、他的初衷以及他的心境。他的磊落、他的坦荡、他的纯粹还有他的大局意识让我为之动容！

奋斗不息，生命不止。我国的抗疫事业，有那些在抗疫前线进行殊死搏斗的医护人员，有那些为抗疫事业能够持续稳步推进而捐款捐物以及出谋划策的广大群众，这让我坚信：岁月悠长，未来可期；病毒终可驱，春暖花必艳！

最后想送给那些给我们的生命带来温暖与感动的人：寒冬漫长，而你，是那抹冬日暖阳。

致敬生命的“摆渡人”

王依睿
(山东大学商学院 2019 级金融学专业)

回首抗疫最艰难的日子,我时常被这样一首歌所打动:“天空飘来了乌云,遮住了你往日容颜,它想夺去你微笑,这将是一场考验。武汉!武汉!中国的孩子心手相连,去把那些阴霾驱散,用爱将希望点燃。武汉!武汉!风雨后天空更蔚蓝,这一场战疫,胜利一定是唯一答案,唯一的答案!”

这首为抗击疫情、以武汉为地标、鼓舞全国人民的《武汉!武汉》诞生在非常时期,它伴随着中国人与新冠病毒的顽强抗争,唤醒着所有中国人众志成城、共克时艰的斗志。全民“战疫”,从身边点滴做起,每一个人都是战士。金秋十月,当我漫步在生机勃勃的校园,“风雨后天空更蔚蓝,这一场战疫,胜利一定是唯一答案”的旋律情不自禁在我心头再次响起。

这场没有硝烟的战争在 2020 年初打响。骤然而至的疫情之下,我们却被这些词汇温暖着、鼓舞着:“武汉加油”“驰援武汉”“最美逆行者”“雷神山医院”……他们牵动着全中国人的心,他们成为 14 亿中国人心中的期盼。在这样的非常时刻,我们看到在武汉乃至全国各大城市涌现出一批这样的人:他们或是快递小哥,或是运输生活物资的司机,或是“120”急救车上的志愿者,或是由退伍军人组成的志愿团队……在抗击疫情的战场上,他们甘愿冒着被病毒感染的风险,向险而行,一次次挺身而出。一群默默无闻的人用他们的行动诠释着“生命摆渡人”的意义。

万众一心,没有翻不过的山;心手相牵,没有跨不过的坎。在这场“战疫”中,一个武汉的顺丰快递小哥——汪勇“连升三级”的故事广为流传,他被《人民日报》称为“生命摆渡人”，被国家邮政局授予“最美快递员”特别奖。这对一个基层快递员来说，无疑是打开了职业的高光时刻。那么这位快递小哥到底做了什么？

原来在疫情期间，是他保障了金银潭医院医护人员的整个后勤工作：医护人员下班没车坐，他找到“滴滴”，将接单范围从 3.5 公里变成 15 公里，一个个疲惫的身影在他关切的目光中踏上回家的路；医护人员没饭吃，他联系餐馆和便利店，当 1.5 万份米饭的香气氤氲在医护人员周围时，他也同样感知到那份香甜；当他筹集 10 万块钱，把整个武汉商场的羽绒服买完了时，一丝暖意萦绕在他的心间……

鲁迅先生曾说：“我们自古以来，就有埋头苦干的人，有拼命硬干的人，有为民请命的人，有舍身求法的人……这就是中国的脊梁。”在抗疫一线我们看到“中国脊梁”的身影无处不在。在疫情面前，他们勇于担当，将个人的能量、责任与祖国和人民的需要紧紧联系在一起，产生共鸣，闪耀出青春的光彩。我们更愿意相信时代永远都在奖励那些勇敢地解决棘手问题的摆渡人。他们是我们的骄傲，更是我们前进的指路灯塔。有人说，2003 年，全中国守护着“90 后”“00 后”；2020 年，“90 后”开始守护着全中国。身为“00 后”的我们，更应牢记那些前赴后继的身影，期待着有朝一日自己的肩膀也义不容辞地承担起应该肩负的责任。

逆行者从来不是孤独的。寂静的城市里夜幕低垂，蓝灯闪烁，负压救护车在空旷的街道上呼啸飞驰，将新冠肺炎患者护送至各定点收治医院。这一幕天天都在上演。不仅在武汉，在全国个别新冠肺炎的重灾区，同样奔忙着这样一群人：他们在医院与医院之间、留观点与医院之间日夜穿梭不停，转运新冠肺炎患者。温州市急救中心的白荣捷，作为一名救护车驾驶员，退伍五年的他依旧不改军人本色。疫情发生后，他主动请缨上阵，加入“发热病患转运专班组”，往返于各大医院间，成为一名发热、疑似、确诊患者的“转运兵”。他们是“战疫”中的生命“摆渡人”。面对凶猛的病毒，英勇无畏，一次次冲锋在前，为守护患者拼尽全力，彰显大爱之心。

巾帼不让须眉，抗疫期间有这样一条朋友圈引人注目：“总有一群人在坚守，总有一件事需要完成。无论这世界如何沧桑，美好仍是拿来理解这个世界的最好方式。不论病毒怎么肆虐，阳光总会照耀世人。静静等待，春暖花开。”这位武汉的巾帼英雄石盈华在武汉最危险的时候，选择挺身而出，收集来 1100

多本旧书，为方舱医院建起图书角。又第一时间报名“120”救护车司机，和其他5位志愿者一同负责转运武昌区隔离点的病人。在“战疫”的路上，她不惧风险稳稳握住手中的方向盘，驶向最需要她们的地方……

2020年9月8日，全国抗击新冠肺炎疫情表彰大会在人民大会堂隆重召开。钟南山、张定宇、张伯礼、陈薇……一个个响亮的名字以及众多的抗疫英雄们一起接受人民最高的礼赞。他们让我们再次回首那段刻骨铭心的日子，是他们用自己的“忠诚、担当、奉献”真正撑起了这个世界的健康与美好，他们都是时代的勇士，是国家的中流砥柱。在中华民族复兴之路上奏响了不屈的最强音。

亲历防控疫情阻击战淬炼的中国必将更加强大，中国人民也必将更加团结、奋进。因为我们有把爱与责任扛在肩头的人，我们有把自己活成了一束光源去照亮身边的人，我们更有无数舍己为人的民族脊梁……新的时代，新的征程，让我们以最炽热的情感向这些“生命的摆渡人”致敬，与他们一起筑梦前行！

以我们的“新”方式向国家英雄致敬

李晓夏

（山东大学海洋学院 2019 级海洋资源专业）

人山人海，手机摄像头汇成星海。

机场通道，手持横幅为您“打 call”。

广塔爆灯，强势硬核表白我爱您！

你没有看错，这是“共和国勋章”获得者钟南山院士由京返广的大型追星现场。携全国人民的心意，广州医科大学的师生们用属于这个时代的方式向以钟南山院士为代表的国家英雄表达无尽的敬意与感谢。立在 2020 这个新时代潮头，面对现代化的磨难与挑战，化解危机需要新思路，致敬我们英雄亦要与时俱进，新时代，新榜样，致敬不停，学习不止。

致敬的精神内涵不会改变，但致敬的方式却在不断进步：从过去报纸书刊，到现在视频媒体；从过去形式单一，到现在丰富多彩……跨越时间和空间的维度，一段视频、一席话，都能在青年心中埋下想成为榜样的种子，在我们心中慢慢生根发芽，在每个看似平凡的朝暮里迸发无限的生机活力，让有担当、有作为的树苗枝繁叶茂，四季常青。

“在走红毯上去领奖的时候，我故意走快一点，显示我还没老，我还能干点事。”钟老可爱地调侃着自己的年龄。虽已是 84 岁的高龄，但在疫情前线他坚持工作坚持科研。他为我们青年一代完美地阐释了“学无止境，奋斗终生”的道理。“生逢盛世，该不负盛世。”我们要更加珍惜，在温饱无忧的基础上实现自己的理想，同时为中华民族的伟大复兴贡献自己的一份力量。我们要有广阔的视野，更要有作为中华儿女的担当和责任使命，时刻准备着，向着“既有为国请战的勇气,更有为国出战的实力”不断努力。

这次表彰不禁让我思考时代对我们青年的要求。钟老说道:“不但有要求,也要有追求;不但有志气,也要争气;不但有热情,更要有激情。”这股中华儿女的“气”在,这个民族就不会被打倒。全国人民,万众一心,国家和各级政府严格把控,漂亮地打赢了疫情防控阻击战。作为青年一员,我们要明白身上肩负的责任,潜心做学问,不断充实、提升自己,用知识武装头脑,在自己的学业岗位上尽职尽责,不负青春。

在这个瞬息万变的互联网时代,新鲜事物层出不穷,“应援、追星、表白”在年轻人的圈子中早已不再陌生,这些新事物、新方式不应该被贴上“不务正业”的标签,而是在文化潮流中为正能量的传播带来新一轮的动力,用属于我们年轻人的声音表达我们的无限敬意。

致敬英雄,以新的方式去敬爱我们的国家英雄,以新的精神面貌投身祖国新一轮的建设中。

致敬“普通人”

宋思怡

（山东大学文化传播学院 2018 级新闻专业）

“小时候的民主路冇得那多人，外地人为了看大桥才来到汉阳门，汉阳门的轮渡可以坐船去汉口，汉阳门的花园，属于我们这些住家的人……”悠扬的旋律回荡在空荡的长街上，一幢幢高楼森然耸立，偶尔的车灯转瞬即逝，喧嚣的红尘安静了，这是纪录片《今日龙抬头》开头的画面，这是疫情下的武汉。

安静的城市总是蕴藏着炽热的力量！面对病毒，武汉携手全国各地展开了艰苦卓绝的抗疫行动。《今日龙抬头》记录的就是这场抗疫行动的缩影。该片选取农历二月初二“龙抬头”这一天，发生在全国各地的 36 个战疫故事。故事的主人公或是医生护士，或是社区干部，或是记者，或是空乘人员，他们普普通通，但面对疫情，他们的行动、他们的精神却熠熠生辉。

让我印象深刻的是陈静的故事。来自上海的她担当着火神山医院重症监护室护士长的重任，每天奔波在感染风险最高的“红区”。画面里，她熟练地进行着一次又一次的高危操作，同时，作为护士长，她又需要时刻照顾与管理整个团队。她说：“护士长带着家长的‘长’字，这意味着我必须思考得更多。”工作之后，她摘下厚厚的防护面具，脸上压痕道道，但她却依旧笑着。

医护工作者是冲在抗疫前线的勇士，同时，他们也是千万家庭中的父母、爱人、儿女。影片中，当前往武汉的高铁启程，陶连珊仍不停地向窗外挥手，隔着高铁的玻璃窗，同样挥着手的是她的丈夫和女儿。武汉疫情暴发后，陶连珊主动报名去武汉疫情前线支援，得知母亲即将前往武汉，女儿说她慌了神，第一反应是担心母亲的身体，但陶连珊却说她有丰富的工作经验，是最合适的人选。一家三口很少照合影，但在启程前，他们在高铁站拍下全家福，那时候，眼泪一直在陶连珊眼里打转，但始终没有流下来。家人是放不下的牵挂，但同时也是前行的动力。国与家命运相连，要顾小家就要心系大国、为国担当，这正是每一位抗疫志愿者真实的内心写照。

优秀的纪录片能够通过影像关注人物的命运、情感和丰富的内心世界。《今日龙抬头》全片没有专门的旁白，更多的是主人公的自叙，它试图用普通人的视角展现普通人的抗疫经历。全片没有宏大的场面、绚丽的镜头，其重心在人物的特写，注重描摹人物的一举一动、一言一行。《今日龙抬头》的总编导说，每个口述人都要回答三个问题：你是谁？你从哪里来？你到哪里去？三个问题既是在讲述他们自己的抗疫故事，也是在诉说心灵的故事，这些故事被镜头捕捉，被影像语言刻画和复写。

除医护人员外，《今日龙抬头》还聚焦机长、社区干部、外卖小哥、菜农、记者等其他各行各业奋斗在抗疫前线的人。每一个普通人都展现着人性的光芒，凝聚着民族精神之伟力，他们是千千万万平凡而伟大的中国人的缩影。

中国从不缺少故事，疫情中关于普通人奉献和牺牲的故事更是千千万万。《今日龙抬头》用镜头记录下这些普通人的经历，人物普普通通，故事平平常常，但却展现出一个民族在面对大灾大难之时的坚韧与顽强。

月是故乡明

赵梦阳

（山东大学数学与统计学院2019级统计学专业）

中国的国力正不断加强，但还是有些人偏要认为外国的月亮比中国圆，以至于能说出“美国的空气很香甜”这种荒谬绝伦的话。说到底，这种软骨行为是因为文化上的自卑，是文化上的不自信。

20世纪八九十年代的知识分子对美国怀有天然的向往，认为外国月亮“更圆”的大有人在。都说实践是检验真理的唯一标准。我们国家的政策怎么样，我们传统的集体主义文化怎么样，难道西方真像他们宣传的那样好吗？明显不是，经历过2020年新冠病毒肆虐后，我们看到西方假民主的外衣被撕下，政府不作为，民众不配合。如果这就是“自由”的话，那这种“自由”我们不要也罢。真正的自由必定是由规则来约束的，正如我们的中庸之道。如果每个人都只强调个人，那正在西方上演的各种抗议事件就不足为奇了。看到现在中国与西方的对比，不知是否还有人仍然认为西方的月亮“更圆”呢？

对抗新冠病毒的这场战役就是在和看不见的“敌人”作斗争。我们把这场仗打赢了，打出了我们的自信，让我们对自己的文化有了更深层次的热爱，不再一味地看着西方的月亮“更圆”。我们看到当武汉暴发疫情的时候，武汉人民自觉隔离在家，武汉整座城市封城，全国各地的人民尽最大的努力紧急援助湖北，援助武汉。我们真真正正感受到了全国上下14亿人就是一家人，是一个血脉的亲人。没有什么能比这件事更能增强文化自信的了。捧着手里的唐诗宋词，窗外的月亮又亮了几分。

习近平总书记说：“我们要坚持道路自信、理论自信、制度自信，最根本的还有一个文化自信。"从这里我们也可以看出文化自信的重要性了。我们的社会主义道路、我们的理论、我们的制度产生了举世瞩目的成就，造福了14亿中国人民，这些都是看得见的。2020年，我们见识了西方的"民主"是什么样的"民主"。我们不再盲目崇拜，我们对自己的文化也更加有底气，不会再轻易被外媒挑唆。

"月是故乡明"，放在文化自信上，不仅是情感上对自己五千年传统文化的认同。不再去一味接受别人的东西，清醒地认识到不是所有的舶来品都是好的，有些舶来品也是糟粕，这同样是文化自信的重要内容。

不屈的舰队

段瑶光

（山东大学机电与信息工程学院 2017 级计算机专业）

满怀期待，我来到刘公岛军事博物馆。我是一个“舰船迷”，在我记忆深处，有一支威武不屈的舰队。其中，最具有传奇色彩也最让人刻骨铭心的是邓世昌和他的致远舰。

我至今还记得在小学时班主任张老师给大家播放电影《甲午风云》的情形，印象最深的情节是，“致远”舰为了掩护旗舰“定远”号，自身多处中弹，右舷被炮弹击穿后灌入大量海水，舰身倾斜。管带邓世昌站立在前主桅下方的露天飞桥上指挥战斗，命令战舰全速前进撞向敌舰。不幸的是，“致远”舰在冲向敌舰的过程中被鱼雷击中沉没。邓世昌落水后拒绝接受战友救援，与“致远”舰一同沉入海底。甲午战争的惨败成为中华民族痛彻心扉的集体记忆，并且成为“公车上书”的导火索。从那以后，我成了“舰船迷”，我甚至参照《北洋海军舰船志》上“致远”舰的图片，用泡沫塑料制作过舰船的模型。

乘船登上刘公岛，寒风凛冽，看着潮来潮去，仿佛下一个海浪可以带上一些历史的遗迹。沿码头向北，是博物馆之所在，矗立着一门锈蚀而发红的大炮。这是曾经守卫过刘公岛的大炮，一百二十余年已过，但时间无法使记忆风化。那句“此日漫挥天下泪，有公足壮海军威”又使我想起“致远”舰那无畏的壮举。

从有关史料上我知道，在 1894 年那场悲壮的海战中，北洋水师“经远”舰、“超勇”舰和“扬威”舰三艘战舰的管带林永升、黄建勋、林履中和邓世昌一样英勇无畏，都与自己心爱的战舰一同沉入海底、壮烈殉国。后来，我在海明威的

《老人与海》中读到:“一个人并不是生来就要被打败的,人尽可以被毁灭,但却不能被打败。”立刻就想到了邓世昌和他的战友们,他们虽然壮烈殉国了,但是他们并没有被打败,我们伟大的民族也不会被打败。

回忆起萨苏的《国破山河在:从日本史料揭秘中国抗战》。书中有三章写到了中国海军在抗战中的壮举。当时的情形与晚清已经大为不同,甲午海战时中日海军实力相当;全民族抗战初期,中国海军明显处于劣势,只有日本海军5%的吨位。就是在这种敌强我弱、众寡悬殊的情况下,中国海军依然不畏强敌、血战到底。当时美国研究远东问题最权威的《密勒氏评论报》对中国海军给予高度评价:“中国海军军人特具的性格、所表现出的沉着英勇和誓死牺牲的伟大精神,以及他们破釜沉舟的做法,这是值得世界上任何国家所效仿的。”

新中国成立了,中国海军史翻开了新的篇章。1966年,新中国开始研发自己的核潜艇。中国第一艘核潜艇“长征一号”于1974年正式服役。对于“舰船迷”来说,最激动人心的无疑是航空母舰。2012年9月25日,中国第一艘航空母舰“辽宁”号正式在青岛基地列装服役。中国人终于圆了多年的航母梦。两个月后,国产的歼-15舰载机在航空母舰上完成第一次起降测试。随后,下达起飞指令的动作“航母Style”风靡全国。我的小伙伴们经常一边喊着“走你”,一边摆出“航母Style”的造型,至今想起来都令人忍俊不禁。

海军的强大是每一个强国的必经之路。海军强,则我海外侨胞们能自信身后有一个强大的祖国;海军强,则我国商船可在海上平安航行;海军强,则可御敌于国门之外;海军强是中华民族伟大复兴的坚强后盾。

2017年上映的电影《战狼2》让无数国人倍感自豪,终于可以在荧幕上看到自己的军舰发射导弹的壮美画面。各型号国产武器在非洲战场秀肌肉,中国退役军人在战乱中拯救生命。至今仍记得人们登上中国军舰时兴奋的表情。就连叛军都不敢伤害中国人,因为他们夺权之后进联合国还需中国同意。如若邓世昌等人看到今日中国之强盛,九泉之下,也可含笑了。

记忆深处的那支舰队就像是一面镜子,照出了民族存亡之秋中国军人的灵魂,也照出了中国翻天覆地的变化,让人深知和平来之不易。所以,绝不能让历史的悲剧重演。

历史有声，明我得失

陈晓琳

（山东大学海洋学院 2017 级生物科学专业）

风若遥远的回音，裹挟着拍岸的惊涛，不倦地诉说那段轰轰烈烈的兴衰荣辱。

在威海，不能不去的，是刘公岛。我记得那时"定远"舰在威海湾昂首静卧，龙旗猎猎，身未动而威先行。威震海疆，所有的美好希冀都被寄托在这古老而神秘的方块字里。我记得我触摸到锈迹斑斑的清代古炮，手放到残骸上的时候，冰凉、生硬，但是属于光阴的痕迹依旧鲜明。之后游览时的碧波万顷、银杏满枝，抑或憨态可掬的大熊猫、梅花鹿，都再也无法让我忘却触摸时那遥远的冰冷、穿过毛孔的心悸。

百余年前，马关火炮在毁灭了北洋水师菁华的同时，也进一步把中国拖进了半殖民地半封建的泥潭。薄暮冥冥，苍烟锁海，云涛杳渺。威海卫的呻吟，你听到了吗？"再让我看守着中华最古的海，这边岸上原有圣人的丘陵在。母亲，莫忘了我是防海的健将，我有一座刘公岛作我的盾牌。"风雨如磐，豺狼当道，国弱民受辱，落后必挨打！痛心而又愤恨，那萎缩在清末史书里消瘦的中国，那跪倒在《南京条约》里软弱的中国，那圆明园烈火里燃烧的中国，那伤痕累累、支离破碎、在水深火热中饱受煎熬的中国。保种卫家兮国有殇，百万将士兮死沙场。于是，有这样一群人站了出来，他们以年华为桨，涉万里河疆，在梦碎、梦醒、筑梦、追梦的道路上孜孜以求。或投笔从戎，将一腔热血报效疆场；或以笔为戈，激励青年人在铺满荆棘的道路上奋勇前行。中国，又在世界的东方喷薄出了希望。

历史如同一片载满喜悦与感伤的海滩，散步于此，你的感知和体验绝不会仅仅是打湿了几次鞋子，挽了几次裤脚，像个悠闲的过客一样无关痛痒。“一个没有危机感的民族是无望和无救的。”田汉如是说。“社会犹如一辆巨大的滚动的列车，庆幸的是总有人探出头看看，这辆车究竟走在哪。”很敬佩南京民间抗日战争博物馆馆长吴先斌，他散尽千金，奔波万里，经受无数的冷眼，走上一条孤独的寻访之路，只为给历史一个交代。他不喜欢别人给他贴上“民间斗士”的标签，他只把这看成一个中国人的历史自觉。吴先斌说，博物馆的意义，“不仅是记忆，更是思索”。历史是一面镜子，它还原着过去，记录着现在，预测着未来。它照见兴替，照见荣辱，照见荆棘与逆流，照见胆识与忠义。历史是一堆灰烬，但灰烬深处有余温。历史静默无言，但历史的声音能直抵我们的心灵。别对历史冷眼旁观，别对历史选择遗忘，别让历史到头来只剩史书里几行泛黄的字痕。以史为鉴，才不会让过去的屈辱与悲痛重新上演。尘埃落定时，我们需要的是青年强则国强，是透过岁月的风尘看到前人用血泪换来的宝贵经验，是那一代的有志青年面对国难时的铮铮铁骨。

再看刘公岛的时候，历史的痕迹已参差为古树，阳光透隙而过，碎成一地斑驳。我们不仅仅是游客，我们所做的不只是拍照与赞美，我们还应是甲午国耻的铭记者，先烈意志的秉承者，以及历史使命的担当者。故今日之责任，不在他人，而全在我中华少年。

历史有声，明我得失。以史为鉴，我们在路上。

不可忘却的记忆

单晨宇
（山东大学机电与信息工程学院 2018 级机械专业）

参观刘公岛海军提督府回来以后，有句话一直在脑中萦绕："苍松不雕英雄色，劲竹有节君子风。"这句话是对当年甲午海战英勇战斗的将士们的最好写照：精忠报国的英雄色，宁死不降的君子风。

当今时代是最好的时代，我们不必饱受战乱之苦。"战乱"好像是一个离我们很远的词，可是，它真的就埋藏在某个角落里。从 1840 年鸦片战争开始，中国人民打了 100 多年的仗。现在，国际上仍有不和谐的音符，请看看中东地区遭受战乱之苦生灵涂炭的场景吧，你就会明白，当年的中国是多么悲惨。甲午海战竟然没有足够的炮弹，只能以血肉之躯来抵挡敌人。这样的举动虽是爱国主义和不屈不挠精神的体现，但不能不说这也是弱国的无奈啊！我们被逼签下不平等条约，这是弱国的下场啊！以史为鉴，方可知兴替。对于我们来说，只有踏踏实实地走好自己的每一步，才有可能为我们的中国梦贡献力量。

幸福都是奋斗出来的。我们是足够幸运的，因为这个时代里"人人都有通过辛勤劳动实现自身发展的机会"。想要取得一番成就，没有艰苦的付出是不现实的。审视当前与过往，最可贵的是奋斗；勾连理想与现实，最可靠的也是奋斗。哲人有言："世界上最快乐的事，莫过于为理想而奋斗。"勇于在时代大潮中顽强拼搏、奋楫争先，无数人用自己的奋斗，成就不凡业绩、实现人生价值，令人感怀。"樵夫"廖俊波埋头苦干、只争朝夕，为百姓打拼到生命最后一刻；"拼命黄郎"黄大年自我加压、兢兢业业，书写了科技报国的不朽诗篇。在生命的年轮中，奋斗堪称最绚丽的印记。

除了奋斗之外,关注时事政治可以成为激发我们奋斗的动力。作为当代大学生,我们要有责任关注时事。如果你是一个关注时事的人,那么你就会明白中兴事件是多么的惨痛。当整个中国一片哗然,感叹我们没有中国“芯”的时候,你的心中是否涌出一股努力学习、争取早日帮助祖国摆脱这种受制于人的尴尬境地的动力呢?而当年的钱伟长正是这样的。钱伟长在中学时属于“偏科生”,在数理上一塌糊涂,物理甚至只考了5分,但其语文和历史却接近满分。正是这样一个在文史上极具天赋、数理上极度“瘸腿”的学生,却在一夜之间作出了一个大胆的决定——弃文从理。这个决定缘于日本发动了震惊中外的“九一八事变”,侵占了我国的东北三省。从收音机里听到了这个消息后,钱伟长拍案而起,决定要转学物理系以振兴中国的军力。他说:“我不读历史系了,我要学造飞机大炮。”为了能尽早赶上课程,钱伟长早起晚归,来往于宿舍、教室和图书馆之间,废寝忘食,极度用功。他克服了用英语听课和阅读的困难,一年后数理课程超过了70分,毕业的时候,他已经成为班中的佼佼者了。那么请问:是什么给了钱伟长如此大的动力呢?正是时事激发了他的爱国主义精神,使其成为我国近代科学史上不可或缺的一位人物。

苟日新,日日新,又日新。生活从不眷顾因循守旧、满足现状者,从不等待不思进取、坐享其成者,而是将更多机遇留给善于和勇于创新的人们。而我们当代大学生是社会上最富活力、最具创造性的群体,理应走在创新创造的最前列。我们处于信息发达的今天,得天独厚的开阔眼界,让我们能够站在历史的塔尖,张望更加遥远的未来;中西古今的比较视野,让我们手握丈量世界的工具,观察和理解更为复杂的人和事。知识渊博、思想开放、头脑灵活,我们的肩头上自然也就多了一份沉甸甸的责任。而真正的我们当代的年轻人,就是要顶着这份责任来进行创新,努力学习,为我们祖国的科技创新贡献自己的力量。

刘公岛是甲午海战的见证者,也是我们今天这群奋斗向上的青年在此缅怀先烈的见证者。刘公岛之旅,更增加了我们肩负这份沉甸甸责任的勇气和我们砥砺前行的力量。

历史的动人之处

廖颖颖

（山东大学文化传播学院 2018 级汉语言文学专业）

文化可以极之盛大，是宗教，是历史、观念、传承，是“三纲五常”“礼义廉耻”；也可以极之细小，是窗前的一枝寒梅，是落花如雨时自然想到的“落红不是无情物”或者“他年葬我知是谁”。

历史是否只是年代、背景、经历、过程和意义？是否只是我们从小背得滚瓜烂熟的“太平天国局限性”“玄武门事变原因”？要记忆白马寺，是否必须要记住它的成寺年代、人事记、得名缘由、名人题字？

去刘公岛数次，最让我动容的，是一艘战舰。它在万道阳光下，熠熠生辉。它早已伤痕累累，岁月、兵刃、浩劫都未曾放过它，但它的庄严优美，仍让人溅泪。

仍记那时我们山大学子依次登上轮船，海风阵阵，忽觉湿润。我们站在轮船甲板上，看着这片海洋，在经历那一场残酷战争后的它现在一片祥和。恍惚间，一阵海风吹来，一阵波浪汹涌，跟着这轮船行驶时发出的轰鸣声，我们就这样来到了 1898 年的历史门前，我小心翼翼缓缓地打开了门。

刘公岛带给我们的，不应该只是那次战争的时间、地点、过程，它带给我们的，更多是对这片土地百年前故事的重拾，重拾民族的根、国家的魂，重拾一代前人的精神、中华儿女的情怀。

北洋海军提督署旧址里，悬于墙上的大清帝国疆域图，飞腾的麒麟浮雕，木桌上整齐的文房四宝与油灯，用于祭祀的房间上悬的“永庆安澜”，那场危机重重的海战开始前，他暗暗决定，拼了这条命，也要守住海疆、保护百姓。

一百多年后的西摩尔大街，只见秋日的暖阳斜打在平直洁净的路面上，苍云叆叇，海鸥盘旋于天际，头顶的山峦一片蓊郁。灰色复古的砖木建筑整齐均匀地安坐在街道另一侧，诉说着一百年前的故事。他们面朝大海，与对岸的摩天大楼遥相呼应。

甲午战争纪念馆里陈京莹的家书——“父亲大人年将古希，若遭此事，格外悲伤，儿固知之详矣。但尽忠不能尽孝，忠虽以移孝作忠为辞，而儿不孝之罪，总难逃于天壤矣！”——静静地躺在暖黄色灯光下，躺在历史的信箱中。

历史不可重复，时光不可倒流。我们站在一栋栋老房子面前，看着岁月在它们身上留下的沟壑，想象着一百多年前的硝烟与炮火。

时间的诡奇之处就在于，人类几百年、几千年的文明对于它来说就像是一场赛跑，它所做的就是不断地抹去一切事物的痕迹，在这永恒的宇宙法则面前，我们始终被深深地禁锢。历史虽属于时间但又超越了时间，它在其生命内质的崇高中实现了时间所不能达到的深度。

历史的动人之处就在于，曾经那些熊熊大火燃烧留下的伤痕，在后来成为炽热而闪耀的、诞生出新的星星之火的摇篮。

信仰为刃，无往不利

王文静
（山东大学商学院 2020 级金融学专业）

风遇山止，船到岸停。映入眼帘的是清荣峻茂的青山和檐牙高啄的亭台，以及带有“刘公岛”牌匾古色古香的楼阁。踏上这片土地的那一刻，厚重的庄严和肃穆将我紧紧包裹。我放缓呼吸，放慢脚步，轻轻地靠近，生怕惊扰了沉睡在岛上的英魂，勾起他们沉重的叹息。金莽与龙头各据一方，周遭分布着繁复的描金花纹，一拃厚的木门半虚掩着。举头望去：甲午战争博物馆——就是这儿了，我此行的目的地。

馆内别有洞天，没有了外边骄阳的炙烤，空气中混着一丝寒气。看着一处布景，近处乱石翻飞，远处车炮歪斜，俨然一副激战场面，钟爱历史与文学的我回忆着甲午一役，却又想起最爱的一篇报告文学——魏巍先生的《谁是最可爱的人》。

被敌人控制的炮台缓缓地抬起炮口，催命般的炮弹雨点似地落下——落在叶志超的脑海里。敌人未至，叶志超却早有耳闻，公州“右倍山陵，前左水泽”，人人赞它易守难攻，可绝佳的地势也无法宽慰贪生怕死的灵魂。叶志超不由分说便像没头苍蝇似地逃命，以致后至的聂士成率军浴血而战。枪炮连天，公州上空盘踞着一层乌烟，士兵们的身体从绵延的小山丘上呼啸而过，烟火满城，长街被血。这些叶志超一概不知，因为他早已钻到平壤的某个小房子里，心里盘算着怎么粉饰败绩为功耀，厚着脸皮向他的嫡系李鸿章邀功。

“占领那座山岗，别让敌人跑了！”一队兵潜行如风，顷刻间便不动声色地埋伏在光溜溜的山岗上。敌人铁了心要逃命，战士们铁了心要阻拦，敌军的飞机与坦克交替而行，炮火与子弹此起彼伏，双方猛烈的炮火几乎没有一点缝隙，掀起的尘土宛如滔天巨浪，汽油弹迸发出的火焰快要将小山岗湮没，一个连的所有战士们，迎着敌军海潮似的炮火逆流而上，高喊着口号前赴后继。最后弹尽粮绝、难以为继时，火焰围身的勇士们宁可抛了枪扑向敌人，也绝不后退半步。烈火之下，敌人的尸首堆积成山，他们的身上，还有死死将他们钳住的勇士们。这是抗美援朝期间二次战役时的松骨峰战斗，王金传、邢玉堂、王文英、熊官全、王金侯……这些烈士们的名字细细看来，上面都赫然写着两个大字——英雄！

同样的深渊在侧，有的人蝇营狗苟，有的人自担重任、万死以赴；同样的外敌当前、炮声贯耳，有的人抱头鼠窜、粉饰太平，有的人身先士卒、十步一杀。

走到复原《马关条约》签订场景的蜡像群前，我凝视着清朝官员红彤彤的顶戴花翎，思绪陡生。

黄海大东沟，亚洲第一的北洋舰队与日本舰队相向而行，遥见日本第一游击队四艘战船上，厚重的铁板壳在无数相咬的齿轮下辗转打开，连排的大小炮筒像无数险恶的眼睛，扭转时竟无一丝凝滞。“超勇”“扬威”舰与横冲直撞的敌舰正面遭遇，短兵相接，敌舰像风雨中的鬼魅，海上的疾风也赶不上它们，疯狂的风浪掀起似乎能吞噬大陆的大潮，炮火连天，无数条战船转眼分崩离析，沉入波浪滔天的大洋之下。同时，一颗远处打来的炮弹火龙似地卷过来，连迭起的白浪都压不住那熊熊的火光，水师提督丁汝昌身受重伤。东方的巨响并没有惊醒皇宫里的歌舞升平，借着慈禧太后花甲生辰，皇亲国戚和大臣们觥筹交错，斗酒十千恣欢谑。丁汝昌死守威海卫军港却迟迟等不来援军，在威海卫沦陷之前自杀殉国。接替他的刘步蟾最终也随自己搁浅的爱舰“定远”沉入海底。

半个多世纪后的朝鲜战场上，魏巍先生见到一位战士在防空洞里就着雪吃炒面，问他不觉得苦吗，他说：“怎么能不觉得？咱们革命军队又不是个怪物。不过我们的光荣也就在这里。”他把小勺儿干脆放下，兴奋地说：“就拿吃雪来说吧。我在这里吃雪，正是为了我们祖国的人民不吃雪。他们可以坐在挺豁亮的屋子里，泡上一壶茶，守住个小火炉子，想吃点什么，就做点什么。”他又指了指狭小潮湿的防空洞说：“你再比如蹲防空洞吧，多憋闷得慌哩。眼看着外面好好的太阳，光光的马路不能走。可是我在这里蹲防空洞，祖国的人民就可以不蹲防空洞呀，他们就可以在马路上不慌不忙地走呀。他们想骑车子也行，想走路也行，边溜达、边说话也行。那是多么幸福呢！”他又把雪放到嘴里，像总结地说：“我在这里流点血不算什么，吃点苦又算什么哩！”在拜读魏巍先生的《谁是最可爱的人》时，我不止一次地战栗，读到这里时，我缓缓抽气，鼻尖一酸好像要落下泪来——事实上，面前的笔记本上已经有了几处水痕。魏巍先生在文末抒情：“如果你热爱我们的祖国，热爱伟大领袖毛主席，热爱伟大的中国共产党，那么你也一定会热爱这群可爱的战士们。”

是啊，有了中国共产党这样坚强的党，领导组织人民，人民怎能不安心、不幸福？“全心全意为人民服务”的口号不是喊出来的假把式，而是真真切切地贯彻落实！我们党心系民生，靠的不是高官厚禄，而是坚定的马克思主义信仰！举头三尺，不是神明，而是千万人民的愿景，是纯洁忠贞的信仰！

铭记甲午历史，不仅是为了缅怀烈士，更是为了警醒后人。全军上下心中有信仰，百万将士心中牵挂着人民，他们的勇气便胜过千层铠甲！

刹那间，崇高的敬意从我心生，对党和祖国无限的热爱蔓延至四肢百骸。若我不积极拥护支持中国共产党，便枉为新时代青年；若我不心系人民、甘于奉献，便枉称“有信仰之人”！经此一游，我的爱党之情更加深切，爱国之心愈燃愈烈，我必将发扬艰苦奋斗的精神，刻苦读书，奉献社会；铭记初心，一心向党；牢记历史使命，成为勇担民族复兴大任的时代新人，服务人民、造福人民，我时刻准备着！

以青春热忱之心,传百年历史之薪火

殷雨桐

(山东大学文化传播学院 2020 级中文专业)

“再让我看守着中华最古的海,这边岸上原有圣人的丘陵在。母亲,莫忘了我是防海的健将,我有一座刘公岛作我的盾牌。快救我回来呀,时期已经到了。我背后葬的,尽是圣人的遗骸母亲。我要回来,母亲……”

站在船上,闻一多的《七子之歌》久久地在耳畔回响,船行海面激起的浪花声仿佛在与之相和。静静地凝望着海面,阳光的照耀下,碧色的海面上漾着一层金黄。海水轻轻地翻滚着,一起一落,仿佛充满热血的中华儿女的起伏的胸膛。万籁俱寂,唯有海浪轻轻的“哗啦”声在那里响着,仿佛在诉说着历史的故事。静静听着海浪的声音,仿佛在聆听前代英雄的心跳声……

在刘公岛上,我们参观了北洋水师提督府署旧址和甲午战争博物馆。那里收藏了许多珍贵文物,有从海底捞上来的船舰、炮弹,有北洋水师用过的佩刀,也有北洋提督府用过的笔墨纸砚……它们与博物馆里的老照片、泥塑一样,静静地诉说着历史的故事。

1895 年,两万日军从山东荣成港登陆,袭击了威海卫炮台,并将刘公岛团团包围。面对北洋水师的威逼利诱,海军提督丁汝昌拒绝投降,最终吞食鸦片自尽。“吾或死或被擒,然吾既为中国人,宁死不降也!予决不弃报国大义,今唯有一死……”甲午一役,北洋水师全军覆没,更是标志着洋务运动彻底破产,大大加深了中国社会半殖民地化的程度,中国的近代化进程受到了严重的冲击。

亚洲第一水师何以全军覆没?古老的帝国何以惨败?中国四千年之大梦何以被唤醒?毫无疑问,这是近代中国封建社会腐朽落后的表现。论政治,封建制度专制而腐朽，比不上当时民主先进的资本主义；论经济形态，中国落后的小农经济远远比不上西方的工业文明；论思想，中国是天朝上国的盲目自信，而日本早已进行明治维新，拥有世界眼光……中国这一段落后的历史，也就决定了中华民族要想站起来，必然要不断探索，不断突破，让自己变得强大起来。这，是历史赋予中华民族的使命！

参观刘公岛，向我们展示的是甲午中日战争这段历史。而这引发的联想，却是整个中国抗击外来侵略、追求民族独立的历史。威海卫战役虽是惨败，但爱国将领丁汝昌展现的，却是中华儿女面对外来侵略顽强不屈、对祖国怀有一腔热血的精神。而这种爱国精神，虽因时代限制而未能起到多少本质作用，但这种精神贯穿了中华儿女追求民族独立全过程。之后的辛亥革命、五四运动、北伐战争、抗日战争……中华民族一直在顽强地成长着，不断地进步着。

今天，我更想谈谈《红岩》。这本书讲的是解放前夕，重庆在国民党的反动统治下，地下党为了配合工人运动，与国民党进行着惊心动魄的较量。他们身上所散发的爱国情怀、视死如归的英勇顽强，与甲午海战的英雄是一脉相承的。江竹筠看到丈夫的头颅挂在城墙上，化悲痛为力量，去完成丈夫未竟的事业。面对敌人的严刑拷打，绝不说出关于党组织秘密的一个字，从容赴死。许云峰作为地下党的领导者，坚强勇敢，毫不畏惧，关键时刻挺身而出。他与中国共产党的地下工作者李敬原在新生茶园碰头，叛徒甫志高带领特务突然袭击，许云峰不顾个人安危，挺身而出，沉着掩护革命同志，自己被捕入狱，表现了革命者的高风亮节。

乘船而归，我陷入深深的思考之中：在刘公岛了解到的甲午海战的历史，当时中国正处于落后阶段，面对外来侵略，有英雄丁汝昌，誓死不投降于日军；1948 年的中国即将迎来黎明，革命前途一片光明，面对国内反动势力，有江竹筠、许云峰，为了革命事业，不怕入狱，面对严刑拷打决不松口。这就是我说的精神，一种为了民族解放大业而不断奋斗、为了自己祖国义无反顾的精神！

百年来，中国历经挫折磨砺，不断探索寻求自强独立，一步一步走向了今天。可是困难挑战依然存在，历史使命仍需牢记。历史的火炬，早已传递到了我们这一代青年手中。我们应秉承先辈遗志，传承爱国精神，不忘初心，日后进入社会，无论承担怎样的角色，都要做好自己的本职工作，以青春热忱之心，传百年历史之薪火！

游刘公岛感想

张先赛
（山东大学商学院 2019 级金融学专业）

俗话说:读万卷书,不如行万里路。诚然,旅游在带给我们身心舒畅轻快的同时也拓宽了我们的视野,增长了我们的见识。这种影响、这种熏陶,是潜移默化的,更是润物无声的。作为 21 世纪的新青年,同时作为一名在求学道路上漫漫求索的大学生,我们尤其需要这样的一种体验——在粉墙黛瓦、古树翠柏的清幽肃穆间体悟岁月轮换、物是人非的变迁,在人事的沧桑巨变中聆听晨钟暮鼓般的亘古回响。

来学校报到后,我便有了以后一定要参观刘公岛的愿望。2019 年 10 月 19 日,我得以参加学校组织的爱国教育基地之游。说实话,我也曾经和一些同学一样排斥这种思想教育,甚至觉得不过是一种表面的形式罢了。事实证明我错了,大错特错。形式背后一定有可以支撑它的东西,只是我们仅愿意停留在肤浅的表面。而当你愿意深究,愿意用心去感受,去冥想,真正地置身其境时,你会获得一种别样的体验和感动。此时的历史不再仅仅是对过去的回忆,它鲜活起来了,化作一幅幅画面在我们的脑海放映。

在海风清爽的吹拂下,我们顺利登岸,带着平静而喜悦的心情。我不禁想起甲午海战前出海归来的将士们。和平于那个时代而言已然不可能,或者说就像是海市蜃楼,求和还是主战都难以挽回昔日“天朝上国”的威严。

如此美丽而且本该是最适宜居住的一片乐园,竟成了目睹北洋水师生于斯、长于斯、灭于斯的悲惨下场的见证者,不禁令人扼腕!走进博物馆,经过导游的介绍,我对那段屈辱的历史有了更为深刻的认识。博物馆里每件陈列出来的展品，其背后都有一个故事，且都是那个社会的缩影。不管是真迹还是还原品，都承载了那一段苦难深重的历史。当看到那张慈禧太后大寿之日大办宴席的图时，我不是看热闹般地只看到了场面的盛大，相反我在思考着统治者为何要如此奢靡颓败。国难已降，安能作福享乐？当我们的劲敌日本不惜举全国之力建设海军时，清政府竟还做出了挪用海军建设公款向统治者献媚的龌龊勾当。试问，这样的政权怎能不覆灭，怎能不被推翻？

"落后就要挨打！"的确如此，何为落后？乃"不思进取，沉溺于安逸享乐耳"。不愿打破安逸的现状，缺乏走出去看看的勇气，更固执于不肯承认他人的先进，清政府终于在闭关自守中走向灭亡。国家尚如此，那对于社会乃至个人又会是什么样子呢？可以说这是一个教训，也是一个警示：永远不要因沉浸在自己强大的优越感里面无法自拔，因而丧失了理性的判断和前进的斗志。

这次参观让我收获了满满的感动。今天我再审视它时，依旧情不自禁地要为乱世中涌现的英雄人物和爱国人士发声。他们皆是国之栋梁、人民榜样、社会希望。陈京莹写给其父的一封家书仿佛让我看到了决战前夕一位爱国将领的赤胆忠心。而甲午海战的弥漫硝烟里我又感受到了民族英雄邓世昌誓与祖国同生共死的悲壮决绝。看着看着不觉眼眶早已湿润，晶莹的泪珠仿如放大镜般将忠烈的英雄形象托衬得更加高大伟岸。他们也有父母、有妻儿，但他们选择把国家放在首位，"国之不存，何以为家？"这不是和"皮之不存，毛将焉附"一样的道理吗？

习近平总书记曾说过："一个有希望的民族不能没有英雄，一个有前途的国家不能没有先锋。"或许今日之中国已足够强大，不再需要我们为之忧心忡忡，不再需要我们为生活提心吊胆，但我们仍需要引路人和开拓者，因为我们有更高远的目标要实现，有更远大的理想去追求。

那一天过得是如此之快，转瞬之间已经到了下午，从山顶下来，我坐在缆车上，整个岛屿映入眼帘。面前是恢宏的大海，邓世昌的那座巨大的雕像醒目地立在潮头，坚毅而威勇……如今回想起来真是觉得那次参观不虚此行，自己学到了很多很多。同时，对"国家"这个概念的理解已深深烙进我的脑海，熔铸进我的血液。作为一部"教科书"不停地向人们讲述这段过往历史的巍峨矗立的刘公岛，见证着华夏儿女前赴后继地为建设幸福生活和大美祖国而付出的努力，她即将见证中国的腾飞！

我们的脚步永不停歇，我们永远是追梦人！

行走的爱国之心

李方政
(山东大学文化传播学院 2018 级汉语言文学专业)

最近感受到了冬天到来的第一场寒风。突然想到去年这个时候,风更凌厉,我和同伴去了旅顺。知道旅顺,是因曾在大连旅行时有人推荐,但当时因为时间不够未能成行。后又深入学习近现代史知识,我了解到了中日甲午战争中的旅顺大屠杀,其恐怖程度并不亚于南京大屠杀。到现在过去了一百多年,听说那里建起了很多特色的纪念性景点,有空就去看看那里吧。这样想着,便去了。去时正赶上那段时间,旅顺军港那边有纪念活动,其肃穆悲壮之感总让我觉得心里沉甸甸的。那里有很多遗留下的炮台和武器,别看它们现在很沉默,它们每一个都见证了那段屈辱而惨烈的历史,每一个都沾满了痛苦的鲜血,每一个都无声地控诉着侵略者的暴行。我抚摸着炮台上密密麻麻的弹痕,那感觉就仿佛在抚摸着当年那场大屠杀中受苦受难的中国百姓。侵略者太残忍了!他们如地狱来的屠夫一般,毫无人性,肆意地屠杀善良、勤勉的中国老百姓!先辈们!请放心,我们这些晚辈永远不会忘记那段惨烈的历史,我们会在中国的复兴路上砥砺前进,使国家更加繁荣昌盛,让世界侧目于中国力量。思绪渐渐从悲恸中回来,我将目光转向附近的山林和远处的海,我记住了那段历史,也记住了那里的美。回望中国千疮百孔的近代血泪史,突然也有所感受,“爱国”应是中国人刻在脊梁上、融在血脉里的两个字。

北京我也去了好几次,小的时候和父母一起,骑在父亲肩头在天安门看升国旗,国旗伴着国歌,一片中国红如太阳一般冉冉升起。我在心里想着中国的国旗是全世界最漂亮的!第二次是 2008 年奥运会,手里抱着五个全套的吉祥物，到处是中国的国旗和奥运的五环。我心里想，中国大概是世界上最厉害的国家吧，因为在场的每个人都看起来好自豪。再去是上大学后，只身一人赴朋友的邀约，刚下高铁拐弯去等地铁时，我后面一个中年男人问旁边人："天安门该怎么走啊？"操着京片儿的阿姨说了线路又附上一句："明儿去呗，赶上升旗多好！"男人道了谢，说是来办事的没时间，但到了北京怎么也得先看看天安门。想了想我的三里屯王府井纯购物之旅，我临时改了主意，决定先去看看天安门。有国才有家，中国理应是所有中国人的大前提。"爱国"好像在平常生活不怎么被提起，但到一些时刻，它会成为你的最优先，是从脊梁骨中发出的金光。

国庆节假期时在济南闲逛，发现街道两旁路灯上都是国旗，回家后发现那座小城里也全布置了国旗，看着红红的一片，竟然感受到了过春节的喜庆。刷微博时也看到了很多为祖国写的贺词，突然想到那句"如果奇迹有颜色，那一定是中国红"。

前些日子早就计划好的香港之行，被什么"废青"彻底搞乱。网上那些爆炸式的负面信息传播，叫人看了气愤。香港不是中国的那还能是谁的？"废青"说的话实在可笑。但也看到"光头"港警、地铁大叔、国内记者的挺身而出，让人眉头一舒。好在，中国人的"爱国"二字永不会磨灭。"废青"的滑稽行为也最终会平息。

中国地大物博，处处都是美丽的地方，我想去的地方还有很多。看山有威武雄伟之感，看海有心胸开阔之感，看博物馆有对中国历史的崇敬之感，看商场有热闹繁华之感。不论走到哪，当看到中国国旗时心里是安心的，"爱国"从不是每天都说的词汇，但爱国好像又从来不曾远离我们的生活。因为生活在阳光下的我们，背后支撑起这一切的，是这个国！

经典诵读大赛观后感

于溯洄

(山东大学机电与信息工程学院 2017 级电子信息科学专业)

天地玄黄，宇宙洪荒，中华五千年，历代文人皆重修身养性。《大学》《孟子》等皆可见古人严于修身、乐于修身、善于修身的文化底蕴。孟子曰："吾善养吾浩然之气。"何谓"浩然之气"，此前我对此一知半解，今日看了同学们的表演，我才恍悟，浩然之气非外物，而是自己内心日积月累的正义，是自我精神的修养和提升。所谓"浩然之气"，就是刚正之气，就是人间正气，是大义大德造就的一身正气。一个人有了浩气长存的精神力量，面对外界一切巨大的诱惑也好，威胁也好，都能处变不惊，镇定自若，达到"不动心"的境界。也对应着孟子说的"富贵不能淫，贫贱不能移，威武不能屈"的高尚情操。

世有四大古国，而唯中国薪火相传，屹然于世，究其内因，怎能不提及炎黄子孙于国之拳拳赤子心。中华儿女自古重情重义，知恩感恩，敬父母，尊师长，敢担当，件件个人之小事都映射出了爱国之大情怀。前有"怒发冲冠，壮怀激烈"的岳飞，后有"留取丹心照汗青"的文天祥，再到替父从军的木兰更令人动容感怀。木兰虽为女儿身，却能摆脱世俗的束缚，毅然替父从军，担起上阵杀敌之重任，这是对年迈父亲的敬与爱，是面对国家危急的凛然大义。胜利归来，"可汗"大赏，而木兰唯愿驰千里回故乡，体现了木兰不贪恋荣华富贵。她更愿意做一个"对镜贴花黄"的闺阁女子，但当国有难，她便会舍己为国，放下针线，拿起刀枪。我从中感悟到了深深的责任和使命，在中华之国土，炎黄之心田，生生不息。也正是如此，无论经历多少腥风血雨，中国依然屹立不倒。这些经典作品虽年代久远，但经过同学们富有艺术性的生动演绎依然激起了我内心强烈的民族归属感和民族自尊心。

诗词歌赋、文学著作，卷卷经典，中华文化源远流长。诵读经典，是我们感悟真理、抒发情怀、传承美德的重要方式。古人喻情、喻理于笔墨之中，化无形为有形，一片丹青却有沧海桑田，狂喜愉悦、悲怆黯然、洒脱豪放皆在一撇一捺之间，让我们在千年之后，亦能处当时之境、感当时之情、悟当时之理。我们应该将先辈留给我们的这个宝贵财富永远传承下去，并发扬光大，在历史的长河中亦留下我们浓墨重彩的一笔。

唱支山歌给党听

平佳璐
(山东大学翻译学院2020级翻译专业)

回望过去,唯其艰难,方显坚毅。中国共产党紧紧依靠人民,完成了新民主主义革命、社会主义革命,进行了改革开放的伟大革命,改变了近代中国内忧外患、积贫积弱的悲惨遭遇。这背后,是抗争史、血泪史,更是奋进史!一个个共产党员以生命奔赴使命,身处黑暗却不忘讴歌可爱祖国的英雄烈士方志敏,人民的好书记焦裕禄,为中华崛起而读书的周总理,历史不会忘记,祖国不会忘记。中国共产党带领中华民族穿越战争的烽火硝烟、走过创业的筚路蓝缕、历经改革的澎湃大潮,在挫折中成长,在磨难中奋起。

唱支山歌给党听,颂扬党的功绩。立足当下,栉风沐雨,春华秋实。"党的光辉照我心。"涓涓不塞,是为江河;源源不断,是为奋斗;生生不息,是为中国!我们的歌都唱不完党的伟大功绩。中国共产党领导人民脱贫攻坚,书写了彪炳史册的人间奇迹。我来自河南省洛阳市一个曾经的国家级贫困县,那里地处豫西山区,但在党的精准部署和全县人民的奋斗下,秉承"绿水青山就是金山银山"的理念,精准扶贫、因地制宜,利用丰富的旅游资源发展旅游业。曾经的国家级贫困县,已经成为洛阳市最美的后花园。我家乡的脱贫故事只是党领导人民脱贫攻坚的缩影,脱贫攻坚的阳光照耀了每一个角落,无数人的命运因此而改变,无数人的梦想因此而实现,无数人的幸福因此而成就。

唱支山歌给党听,期待党和国家的明天更辉煌。展望未来,梦想熠熠,使命灼灼。荡气回肠的激昂旋律化作千言万语向红旗倾诉。"清澈的爱,只为中国。"我们的党照亮了黑暗的岁月,党的历史在我们心中铭刻。我们应该拥护伟大的中国共产党，不要过精致利己的小日子，要有关照世间的大情怀。一切伟大成就，都是接续奋斗的结果；一切伟大事业，都需要在继往开来中推进。“行之愈远，其成愈彰。”是中国共产党拓宽脱贫攻坚的阳光大道，写下爱岗敬业、为人民服务的生动注脚。一代人有一代人的使命、机遇和挑战，青春心向党，我们新时代新青年也应该走好我们这代人的长征路。时代创造英雄，伟大出自平凡。千年梦想，百年奋斗，圆梦今朝。征途漫漫，而今迈步从头越，我们都是追梦人，在中国共产党的领导下，努力创造更加美好的未来。

我们中国一路走来，靠的是什么？靠的是中国共产党领导人民自力更生、艰苦奋斗。忘记历史等于背叛，深情咏唱红色歌曲，展现我们新时代新青年的活力和气息。唱支山歌给党听，因为崇敬，所以歌颂，丰富精神世界，增强精神力量，这首歌曲激励我，提醒我，前路坦荡，万物可期。红旗飘扬中，我们不仅听到了欢声笑语，更坚定了努力奋斗的决心。我们一定会以勇者之姿平前路坎坷，以浩荡之心跨心中沟壑，把党的精神传承下去！

不忘来时路，青春心向党。

思政课的现实意义

张宸瑞

(山东大学数学与统计学院 2019 级统计学专业)

“一个人的生命应该这样度过:当他回首往事的时候,他不因虚度年华而悔恨,也不因碌碌无为而羞愧——这样,在临死的时候,他能够说:‘我把整个生命和全部精力都献给了人生最宝贵的事业——为全人类的解放而奋斗。’”

这是《钢铁是怎样炼成的》一书中保尔·柯察金所说的话。

在现在的大学校园中还存在着一些不理想的状况:有的同学眼中只有绩点,为了高绩点和好看的档案不择手段,社会工作、入党申请、志愿服务、成绩,每一项都包装得尽善尽美,但背后包裹着的却是自私的心;有的同学终日沉迷在低级的享乐趣味中,忘记了作为大学生的责任和义务,更忘记了作为一个中国公民的社会责任感和使命感。

“少年强则国强,少年智则国智。”大学生作为未来中国社会的中坚力量,代表着国家未来发展的可能性,倘若终日被利己主义所包围,丧失了灵魂和斗志,中国的发展力量就弱上一分,中国梦的实现就远一分,中华民族的复兴就慢一分。所以,才需要有思政课在大学校园生活中作为一支强心剂,以正风气、塑人格,在纷杂的社会中作为精神力量鼓舞我们,让我们继承前人的艰苦奋斗精神和坚定信仰,防止青年人——“早晨八九点钟的太阳”被西方国家炮制的不良风气和糖衣炮弹所侵蚀,丧失前辈那种对于信仰的纯洁性和坚定性。

习近平总书记说过:“年青人在学校要心无旁骛,学成文武艺,报效祖国和人民,报效中华民族。”“人生的扣子从一开始就要扣好。”“青年一代有理想、有本领、有担当,国家就有前途,民族就有希望。”而这样的目标、这样的理想,“把扣子扣好"的方法，正是大学生思政课可以点点滴滴教导给我们的。

习近平总书记还说过："只有把人生理想融入国家和民族的事业中，才能最终成就一番事业。"这和保尔·柯察金说过的话很接近。倘若一个人没有心怀这种伟大的理想，没有把毕生奉献给祖国和民族的理想和信念，就算纸面上的数据再好看，也只能是"自己"的人才，而不会是"国家和人民"的人才，不会是党和人民需要培养的人。

大学思政课的现实意义，是把"利己主义"赶出校园，让只看重"利益"的同学找到真正有意义的信仰和理想，让只想着"享乐"的同学感到羞愧，为了心中的信仰和理想而奋斗。"红日初升，其道大光。河出伏流，一泻汪洋。"思政课，是在大学引导同学们珍惜宝贵的青春年华、坚持理想、脚踏实地的不二法门。引导同学们"学无止境，气有浩然"，找到人生真正的意义和价值，这正是思政课最大的现实意义。

一笺一意一种情

廖颖颖
(山东大学文化传播学院 2018 级汉语言文学专业)

红砖墙,灯光恍恍;小讲台,文字力量。

一个环形舞台,一种声音力量。用一封信追忆一段历史,品味一个故事,感受一份温度,这就是《见字如面》予我的感觉。翻开那封被历史风尘湮没的书信,它泛黄薄脆,它模糊不已,但它仍从每位德高望重的朗诵者的声音中缓缓走来,它亲切地拉住每一位聆听者的手:“你好,我自风雨中来,赴一个向你诉说我故事的约,我希冀你能爱上我,但我更希望你会懂我。”

从春秋战国时期的家信——“求神祭拜的时候如果是下签,那只是因为我身在叛逆之城的缘故,别想多了”“打柴一定不要去太远的地方”,到中国革命时期萧红告诉家兄——“这一群快乐的小战士,胜利一定是属于你们的”“中国有你们,中国是不会亡的”,书信的力量从未消亡过,它仍是仅次于拥抱的一种情感表达方式。

杜甫即使常年漂泊天涯,但仍牢记每一个有关家人的重要日子,并且提前托付友人捎着那沉甸甸的思念归乡。在中国近代史上,每一封书信都穿过硝烟,越过废墟,送达家中至亲挚爱手中——红色经典小说《红岩》中“齐晓轩”的人物原型许晓轩于 1947 年被关押在重庆白公馆看守所时曾给妻子写过一封信,信里非正气凛然之言语,也非理性革命之道理,没有大气磅礴的辞藻,此时他只是一个念家之人:“我想到馨儿长大了,她长得很结实,比你我都强。她读我读过的书,做我做过的事……我更想到,你在什么地方做一点小事,并且还有一位比我好的人在帮助你,你过着很好的生活。这样想着,我心里舒畅得多，好像肩膀上的一块重石头放下了……前面我已说过，这就像做梦一样，梦醒之后，一切又都是原样了。至于说我为什么要告诉你这些梦话，那不过是顺便提起，让你晓得我曾经做过这些梦而已。并且我迟早总说不定要回来吧，回来之后把这当着笑话谈也是好的。”并且他在信中特别说道：“多关心孩子，少记挂我吧！”

那是一个注定动荡的年代，国人的“命”跟着国家的“运”时刻联系在一起，而革命之士更是如此。他们的命运注定如同风雨中的小舟，前途未卜，风险未知，胜利的曙光不知在哪片乌云的背后，但港湾的灯塔却始终在他们心中。他们的书信中，除了对于“家”的思，还有对于“国”的忧。

1950 年 2 月 13 日，董必武在给侄子董良埙的信中写道：“中国像你们一样讲良心道德的人不是以百计，不是以千计，而是以万计估计，也同样没有解决他们所担忧的家庭问题。这不是个人问题，这是一个社会问题，有人剥削人的社会经济制度存在，这个问题就不可能彻底解决。正因为如此，我们才搞革命，要革去社会上人剥削人的制度。只有社会上没有人剥削人的制度，大家努力生产，发展生产，那时人们才不致有家庭贫困的忧虑。这样的社会世界上目前还只有苏联，东欧新民主主义的国家很快地会跟上去，中国到那种境界是一定的，但要慢些。”

彭德怀元帅也爱写信，可是他的信总是有那么点与众不同。1966 年 3 月，彭德怀外出视察路过西昌螺吉山畜牧场时，和随行人员（共十人）在该场吃了顿饭，只收伙食费两元。事后，彭德怀得知交费的情况，立即补交八元，并给该场党委书记田兴成写了一封信——“田同志：我们今天在你场吃过饭，每人只算两角钱，实在太少。以六斤肉计，每斤七角，即四元两角；还有其他饭菜，至少十元才公道。除每人已给两角外，另补八元，请查收。任何企业必须严格执行核算制。”

这是高尚人格的反映，是革命之士的觉悟，更是一个时代中一个群体风貌的描绘。

“如果想哭就弹琴，想我就写信。”几捧灯光，暗黄，皆是岁月踏步而来的颜色；一封信笺，暗黄，尽是时间醇厚动人的颜色。

时间的洪流会带走当初萤灯木桌上伏案的人，会带走那支倾注了作者所有思绪情感的笔，会带走那篇泛黄的但字里行间都在闪光的信件。但时间永远带不走那份喜怒哀乐，带不走那份情感，因为历史会记得，因为我们会记得。

因为这些被历史所选择的信件里饱含的种种，无论对亲人、爱人、友人，还是对民族、国家、全人类的情感，都已经融入了中华民族的血肉里，当我们再回顾过去那些家书、信件时，与其说是“阅读”，不如说是“感受”，感受已经在我们骨子里的一种情感共振。

纸质虽脆弱，但情感却坚强。

初　心

战聪聪

（山东大学东北亚学院 2017 级朝鲜语专业）

《朗读者》这一节目以个人成长、情感体验、背景故事与传世佳作相结合的方式，选用精美的文字，用最平实的情感读出文字背后的价值，节目旨在实现文化感染人、鼓舞人、教育人的传导作用，展现有血有肉的真实人物情感。现在再次回看每期的节目，心中依旧感慨激昂。《朗读者》的每次开场白，朗读者们的每个故事，都让我学会与领悟到许多，不仅是知识上的丰富，更是品质上的提高。

董卿在节目中曾说："什么是初心，初心可能是一份远大的志向，世界能不能变得更好，我要去试试；初心也许是一个简单的愿望，凭知识改变命运，靠本事赢得荣誉。有的初心，走着走着，丢失了，而有的初心，走得再远，我们依然会坚定地靠近它。孔子说：'居之无倦，行之以忠。'当有一天我们会发现，抛开一切世俗的附加，我们所坚守的信念和本心是最为宝贵的，它存在于向善、向美、向真的追求当中。"

中国篮球协会主席姚明，他的初心在 17 岁盛夏被点燃，从此为荣誉而战。每一位体育人的成功和荣誉都离不开背后努力与汗水，"吃得苦中苦，方为人上人"。姚明在 2008 年奥运会前几个月被医生告知左脚骨裂，有好几套治疗方案，姚明坚定地回答，任何治疗方案，都要把奥运会放在第一位。对篮球的热爱，对祖国的热爱，还有坚持不懈、肯吃苦的精神使他获得应有的荣誉。

清华大学计算机专业研究生矣晓沅，6 岁患有类风湿性关节炎，一开始走得不远、跳得不高、跑得不快，到 11 岁时不能站立，只能坐轮椅。进入清华大学时，他处于年级中下游水平，但到大四时已名列前茅。大学四年，他克服行动的不便，忍受身体的疼痛，埋头刻苦钻研学习，为了家人，更为了自己。

中科院院士、国家最高科学技术奖获得者吴孟超，创造了中国医学界乃至世界医学肝胆外科领域的无数个“第一”。96 岁的他仍坚持着做手术、坐门诊，从医 75 年，将近有 16000 名病人因为他而摆脱了生命的绝境。有一次做完手术后，他对护士长说，力气越来越少了，如果哪一天我真的在手术室里倒下了，你知道我是爱干净的，记得给我擦干净，不要让别人看见我一脸汗的样子。

他们用自己的人生经历向我们展现、让我们看到，初心的坚持，品性的坚韧，责任的担负。不忘初心，砥砺前行。既然当初决定背着梦想出发，就不要因路途中的诱惑而丢失自己，也不要因路途的艰难而放弃梦想。心怀梦想，大步出发！

感受榜样力量

王梦潇

（山东大学机电与信息工程学院 2018 级机械专业）

昔日紧闭的国门在西方的坚船利炮下不得已而打开，如今我们主动开放国门接纳新思想、新观念。王夫之言："新故相推，日生不滞。"国之成长七十年，是岁月变迁，是时光在流逝的体现。近日，观看了纪录片《中国 24 小时·地方篇》后，心中漾起的不仅仅是思乡情切，更是国之自豪。

1 天 24 小时，中国能看到什么？是从小河底开闸，看黄河之水天上来；是在凌晨 3 点的郑州航空港看飞机起起落落；是在河南开封兰考"焦桐"树下，听党员干部重温誓词。焦裕禄在兰考县只工作了 475 天，却用实际行动铸就了感天动地的焦裕禄精神。为治理"三害"，他总结出"孔针贴膏药"的方法治理沙丘，他带头植树造林，广栽桐树。当年他亲手栽下的幼苗，如今已长成参天大树，被人们亲切地称为"焦桐"。作为新时代新青年的我们，也要栽下一棵棵精神的"焦桐"，让它们在中原大地根深叶茂、茁壮成长。

精神永远不会过时，"劳模精神""女排精神""航天精神"……2014 年 3 月，习近平总书记来到河南兰考县考察时就曾指出："焦裕禄精神过去是、现在是、将来仍然是我们党的宝贵精神财富，我们要永远向他学习。"焦裕禄同志为官一任，造福一方，他用奉献甚至生命诠释了"全心全意为人民服务"的精神。他不仅是县委书记的好榜样，也是我们全党的好榜样。

今天，我们仍需要这样的人物，去带领我们演绎好"中国的 24 小时"。其实这样的人物就在我们身边，或许是全心全意为班级同学服务的班长，又或是为班级评优操碎了心的团支书，又或是鼓动全班同学投入学习的学习委员，以及各种学生会、社团的学生干部，他们的辛勤付出我们都看在眼里。“意莫高于爱民，行莫厚于乐民。”作为大学生的我们，更要把这种敬业奉献精神传承下去，更要学习和弘扬焦裕禄同志勤俭节约、艰苦创业、“敢教日月换新天”的奋斗精神，大兴艰苦奋斗之风。

浩瀚长河中，是哪里响起铜铃声声？是哪里吟起诗情万丈？是哪里高铁疾驰？是哪里青蒿泛光？这里是中国，一个充满民族精神之魂的大国，正在讲述着独属于自己的故事。立于当下，望长河滚滚，历史的睿智正随波涌流。让其汇入大海，无边无际，不如取之便饮，蕴于自身，取古睿智，励今芳华，便可引向辉煌。

中国的 24 小时，未来将由我们来创造！

每一帧都有力量

沈　莉

（山东大学商学院 2017 级金融学专业学生）

24 小时只争朝夕，成就中国奇迹；平凡丰富，体味喜怒哀乐；辛勤耕耘，充满坚韧执着；苦心钻研，追求创新突破；不懈打拼，奔向远大前程。

中国人民相信：山再高，往上攀，总能登顶；路再长，走下去，总能到达。

由《人民日报》策划制作的《中国 24 小时·天道酬勤》，通过 1 天 24 小时的时间演进，刻画出了一个精彩纷呈、蓬勃向上的美丽中国。随着时针的转动，变换的画面中，每一个普普通通的中国人坚守着属于自己的那份岗位，一天代表着一个月、一年甚至是一生。改革开放 40 年，我们对自己的职业更有自信，从最初的仅仅为了衣食住行，到现在职业被赋予更丰富的内涵，为传承，为创新，为梦想……每个看似平淡无奇的岗位，都不可或缺。

多少人离家千里，总会想起家乡路边飘过的茶叶蛋香，一碗滚烫浓稠的白粥配上店家腌制的小萝卜干，再加一颗略有裂痕露出诱人色泽的茶蛋，世间美味怕也不过如此。经济发展，生活水平不断提高，很多商家继续坚持这份辛劳利薄的工作，就是为了那割舍不下的传载着满满家乡味道的简单食物。

高速铁路技术突飞猛进，全球最大口径球面射电望远镜“天眼”启用，5G 产品积极研发……科技腾飞，是一大批优秀科技工作者守住寂寞、默默无闻、潜心研究的结果。

飞机的每一次顺利起飞，火车、动车的每一次安全行驶，公交车的每一次准时运行……早已习以为常的社会现象背后，是许许多多工作人员不放松每一个细微环节，日复一日、年复一年、尽心尽责的结果。不禁想起校园里一位可爱的爷爷，他是专门负责回收宿舍门口垃圾的校内职工，每当有同学将包裹好的垃圾丢入桶中，他总会热情地说一声“好孩子”，我们感动地回以微笑和“谢谢”，爷爷反倒用更高的语调和更灿烂的笑容回复我们“谢谢”，仿佛我们丢掉的不是生活垃圾而是璀璨珠宝。

守边疆，平暴乱，抓毒贩，清诈骗，国家安全，社会稳定，离不开英勇无畏、挥洒热血的中国人民军队。自然灾害突发，犯罪分子作案，冲在最前方、离人民最近的永远是那些用热血青春贡献祖国的人民守护神。

感谢那些可爱可敬的人们，是他们让社会井然有序地运转，让时代稳步向前。致敬伟大的祖国，致敬可爱的中国人民，天道酬勤，砥砺前行。

浴火重生的中国

张　洁

（山东大学商学院 2017 级会计专业）

读罢《四世同堂》，心绪纷繁，老舍先生用他那充满责任心和慈悲心的文字，将中华民族那段灰色的历史融进了小羊圈那十几户居民的悲惨遭遇和忍辱偷生之中，这虽是一部小说，画面感却极强，小说里的一幕幕场景至今时时浮现在脑海中，让我无法忘怀。

小羊圈里的十几户居民，其实更像是中华民族的缩影，他们每个人都有着极其鲜明的个性，面对外敌入侵时也作出了各不相同的选择。有些人选择苟且偷生，有些人选择叛国投敌，有些人为家庭责任所困而忠孝难以两全，而有些人却毅然决然地挺身而出，成了为国家为人民抛头颅洒热血的英雄。

祁瑞全是第一个选择逃出北平参加战争的人。他也曾有过内心的挣扎和犹豫，也曾放不下自己四世同堂的家庭里的温暖和自己心爱的女孩。国家的危难，让他最终放弃了自己所有。在他的心里，国之安危，胜于一切。他的哥哥祁瑞宣就没有这么幸运了。作为父亲的长子，祖父的长孙，孩子的父亲，他必须撑起这个家，他毫无选择。他始终活在自责之中，他恨自己没有舍家赴国难的勇气，恨自己面对外敌入侵却只能苟且偷生，他一次又一次想要挣脱家庭的束缚，可一次又一次地放弃了这个念头。忠孝难两全啊！家庭成了他这辈子最大的羁绊。

住在小羊圈 3 号的冠家，“完美”地诠释了什么是见风使舵、唯利是图。日本人的丑恶行径没有激起冠晓荷和大赤包的半点爱国之心，他们挖空心思不惜一切代价地巴结日本人——栽赃清白无辜的邻居钱默吟，把自己亲生女儿送给日本人做妻子，肆无忌惮地压榨生活在水深火热之中的平民百姓……他们虽然身为中国人，却一次又一次地玷污着“中国人”这三个字！他们的结局又是如何呢？在日本人的“提拔”下风光了一阵之后，被无端地抄了家，大赤包被抓进监狱最终死于狱中，冠晓荷和女儿成为特务后惨遭杀害。

说起被栽赃陷害的钱默吟，他是这本书里性格前后变化最大的人物。在日军入侵以前，他是一个吟诗饮茶、作画种花的诗人，过着不食人间烟火的自在生活。可是生活偏偏和他开玩笑，无端的陷害让他落入了日本人的手掌心，他在狱中遭受了常人难以忍受的酷刑，目睹了日军丑恶肮脏令人作呕的嘴脸。他从此幡然醒悟。他不再生活在自己的世界里，而是将自己的生命和国家的安危紧紧绑在了一起。他拖着被折磨得伤痕累累的身躯奔走呼号，为了能让北平人站起来反抗，他倾尽了后半生所有的心血。

书中还有很多选择在敌人的统治下不动声色、苟且偷安的人们，他们妥协、忍气吞声。他们以为只要自己安安分分听日本人的话，就一定能相安无事。可是他们万万没有想到，纵使如此，日本人依然剥了他们的皮，拆了他们的骨，毁掉了他们的一切，让他们永远都没有反抗的能力。如果说反抗会让他们有丢掉自己性命的危险，可为什么在经历过这么多无谓的死亡后他们依然不能觉醒呢？

小说的最后，日军的势力一点点地消退，中国终于迎来了抗战胜利的这一天。可是就在这一天，瑞宣的女儿小妞子因为吃“共和面”引发了阑尾炎而痛苦地死去。小小年纪的她在经历了战争的种种磨难后，死在了中国抗战胜利的这一天！多么令人心痛的结局，她再也没有机会在和平年代长大了，再也没有机会和哥哥小顺儿在老槐树下嬉笑打闹、和爸爸一起到公园愉快地玩耍了。战争是多么罪恶的一件事情！

战争结束了，可是逝去的生命却再也回不来了。也许重现历史的意义就在于它让我们知道有这样的过去，有这样的屈辱，让我们明白如果再一次遇到这样的境遇我们该怎样作出最正确的选择，也让我们以更坚定的内心，去为明天而努力奋斗。

愿和平永存。

志合者，不以山海为远

冯新晰

（山东大学商学院 2020 级金融学专业）

从前了解扶贫政策从来都是在网络、在课本上，向来只是不重过程只观结果，因此我们这一辈很少有人知道扶贫的真正艰辛。在朋友的强烈推荐下，我在寒假期间打开了一部名为《山海情》的电视剧，没想到这一看，竟带给了我们无尽的启发。

漫天黄土，贫瘠的土地上寸草不生，人民的居住条件是我如何也想不到的艰苦。比“贫穷限制了想象力”更可怕的是“富裕限制了我们对贫穷的了解和同情”。涌泉村（剧中村名）村民开始的那种举步维艰真的是以前的我难以想象的。不仅是剧中刚开始面临的吊庄困难，包括因只缺一户而无法通电，以及号召居民种蘑菇困难，再到后来的卖蘑菇困难，都生动地诠释了“扶贫先扶智”的理念。百姓并不是不想富裕，而是害怕自己的汗水付诸东流。“形式主义”在这部剧中也得到了深刻体现。部分领导要的只是上面检查时的面子，百姓的幸福在他们那里并不是最重要的。但我们中国，自古以来就有为民请命的人。以马得福为代表的扶贫干部们每天奔波在领导办公室与田地之间，他们不惧权威，敢于发声，真正为人民做实事，以他们的真诚赢得了百姓的信任，与百姓一起一步步脱贫致富。带领人民摆脱贫困的扶贫干部都是英雄！

除去伟大的扶贫干部外，我还想谈一下劳动人民。的确有的老一辈思想落后，不懂授人以渔，但是也有愿意“学渔”的村民代表。剧中令我印象最深的就是水花了，一位伟大的女性。命运总是喜欢捉弄人，它让两情相悦的得福、水花分离，又让水花被自己的丈夫误解，父亲也将她当作赚钱的工具。但是水花啊,没关系,一切现在认为很难的事终究会过去的。是你的向前看,为你带来了你应该享有的生活。因为不符合吊庄政策,自己拉着车,上面坐着女儿和残疾的丈夫,徒步赶向新村庄。在路上,她让女儿跟她一起喊“快了”,明明只是简单的两个字,却足以让观众落泪。她从不为自己的命运坎坷而抱怨。相反,她阳光,有新事物时总是冲在最前面学习。从水花身上,我们可以看到无数个坚韧奋斗的脱贫群众。没有他们的响应,便不会有扶贫政策的快速实施。他们不仅是为了自己,更是为了我们这些下一代。没有他们的辛勤劳动,便没有我们今日的美好生活。

这是一幅荡漾理想主义浪漫、蕴含现实主义真切的画作。从秃山荒地走到绿色金滩,从一息尚存走到生机勃勃,从穷乡僻壤走到富饶美好,这是一群人的真实经历,更是时代大潮写给每个人波澜壮阔的史诗。马得福说:“这世上最重要的是争气。”我们做到了,我们争气地在中国消除了绝对贫困。“志合者,不以山海为远”,不仅是那些从福建专门跑去涌泉村扶贫的干部,还有所有虽不在贫困地区却心系贫困地区的人民,正是所有人的心连心,才让富裕传向了中华大地的每一个角落。

结尾,马得福的妻子问他:“看啥?”马得福答道:“看山。”可是山有什么好看的呢?他答:“山和山不一样。你要是见过这山原来的样子,你就知道有啥不一样了。”从前的黄水土山,现在俨然已变成绿水青山,扶贫的成果不仅体现在人民的富裕上,其实,它体现在方方面面。从前村民们不敢想的美好生活,现在已然变成了现实。不用再吃漫天黄沙,也不需为了生存而发愁,“吃得好”“过得好”已经成为大家现在的目标。记得剧中有村民说:“都说未来好,可未来不就是还没到来吗?啥时候来,谁又能知道呢?”你看,村民们盼望的未来已经到来,那我们追求的未来呢?它会来吗?

它一定会来,会在我们像前辈一样奋斗的日子中昂然、慨然却又悄然到来。

《信仰》读后感

袁一博

（山东大学数学与统计学院 2019 级统计学专业学生）

似乎好久没有读过诗歌了，更没有想过一首诗歌能带给我如此的震撼。

信仰是什么？我想，这是一个应该很多人都曾经思考过的问题。小学时，我专门为此翻阅过词典，甚至查询过一些与宗教相关的书籍，可我始终无法给出一个自己认为完美的文字定义。随着年龄的成长，我试图用一些别的方式去理解这个词汇。信仰是什么？这个听起来通俗易懂但细想又玄妙无穷的概念究竟是什么意思。

我是一个球迷，从初中开始看球，最喜欢的球队是巴萨。2016 年欧冠1/16 决赛，巴萨对战巴黎圣日尔曼，首回合巴萨在客场四球惨败法国巨人。坦白地讲，我看了这场堪称经典的比赛的不完全直播：当我看到巴黎在次回合取得了一粒客场进球时，我不想看到心爱的球队被淘汰，于是我关掉直播去睡觉了。毕竟在欧冠四十余年的历史上，还从未有一支球队能够在首回合四球落败后次回合逆转晋级。早上打开手机查看推送：巴萨凭借补时阶段的读秒绝杀成功翻盘晋级！当时，我心中翻腾着三种情感：不可思议、欣喜若狂以及后悔。那一刻，我想到了信仰：球队前锋内马尔随后在社交平台发布一条动态："As long as there is 1% chance, we have 100% faith."（只要有 1%的可能性，我们就有 100%的信仰）即使只有 1%的可能，也要坚持对胜利的不懈追求，这是优秀的足球运动员铭刻在血液中的信仰。

而今天，我听了老师向我们推荐的陈先义先生创作、雨音朗诵的诗歌《信仰》，我又一次陷入了对信仰的沉思之中。我的脑海中浮现出了红军战士满面尘灰，鲜血从手上滴落到黯淡斑驳的枪管上，而战士的眼中闪烁着坚毅的光芒。“从南京雨花台的枪声，到重庆白公馆渣滓洞的血光，我们看到一队队英烈们，为了信仰，把热血倾洒疆场。”朗诵中的场景似有放映机播放一般在我眼前闪现。如果说足球运动员心中怀揣着对胜利的信仰，那么战士们心中怀揣的，就是对祖国美好未来的信仰，对实现共产主义的信仰！这种信仰是共产党人的灵魂，是高举过头顶的信念。不管是在革命年代的烽火硝烟中，还是在和平建设时期的困难挑战面前，共产党人以信仰作为自己的精神之基，以身许党，以身报国，忠心为民。从这些共产党人身上，我们感受到一种力量，并吸收这种力量，使自己面对坎坷，砥砺前行。

的确，如果我们要正视现实，就要承认：信仰，对部分青年来说，是个有些疏远的词。它如古老玉器一般被置于高台之上，被留在书本里边，人们敬而远之，远而忘之。慢慢地，开始有些人给自己简单的欲望冠以“信仰”之名，那些外国制作的衣物及各种玩物被青年哄抢。每每看到这些，我的心中感到着实的、重重的悲哀。当我们看到有的青年人一边在社交平台兜售自己的“清新”生活，一边倾诉着自己的压力焦虑；当我们知道有些青年只想着走终南径、攀青云梯，名利缠身、一路狂奔。我们必须承认这是有一些不对劲了。我们需要不断地审视自己。我们是青年，是当代的中国青年。到了我们接管世界的时候了。如果我们的内心被虚无主义、失败主义污浊了，还怎么实现我们从小立下的种种伟大志向呢？还怎么担负起实现中华民族伟大复兴的历史使命呢？

有时候，我们会产生这样的疑问：为什么我们能从红军战士身上感受到信仰的光辉，而当代青年的身上却很少有这种慷慨激昂的情感呢？其实，我们要知道：想要时尚华丽的新衣，想要美观强大的电子产品，并非过错。毕竟，追求美好生活是我们的权利，不断满足人们对美好生活的需要是国家发展的目标之一。事实上，当代青年也并没有仅仅流于对物质的追求。当我们在朋友圈发文呼吁大家抵制某些污蔑新疆棉花的外国品牌、支持国产品牌时，当我们在不断地“吐槽”中解构自己、反思自己时，当我们在听《信仰》的朗诵或热泪盈眶或壮怀激烈时，当我们以唱红歌、讲故事、演话剧等各种形式感悟百年党史的宏阔、激起“青春之我”的豪情时，我们应该知道，我们其实也有我们的信仰——我们一定会为了人民更美好的生活而努力。

相信自己，相信人民，相信祖国，为了我们的信仰，前进吧！

母爱似春晖，温暖青格里

周天琦

（山东大学商学院 2017 级会计学专业）

“小时候孩子们最盼望过古尔邦节，因为过节才能穿上新衣服，吃顿好吃的。现在阿尼帕·阿力马洪也最盼望过节，离古尔邦节还有几天，孩子们都陆陆续续赶来了，新疆阿勒泰地区青河县一间屋子里，挤满了面带笑容的各族男女。”青格里河奔流不息，76 岁的阿尼帕常常梦见自己站在卡增达坂上，这是她的父母做梦都想回到的地方，时间似乎又定格在那遥远陌生又似曾相识的画面——一队思乡的中国人沿着一条崎岖山路，风尘仆仆向着祖国的方向走来……

这是《真爱》的一个片段缩影，也是电影人物原型阿尼帕·阿力马洪的真实生活写照，讲述了维吾尔族母亲阿尼帕老人在几十年的时间里抚养了 6 个民族的 19 个孩子的感人故事。从 1963 年收养托乎提三兄弟到 1994 年最小的女儿金雪莲出嫁，整整 32 年，阿尼帕夫妇含辛茹苦将孩子们抚养成人。在大女儿卡丽曼的记忆里，小时候一天两顿饭，只有土豆、白菜和馕，吃肉是想都不敢想的。阿尼帕专门买了一口直径有 1.2 米的大铁锅。“就是这样，做一锅饭有时候一人还分不了一碗，打一坑馕不到五天就吃完了。”如今，很多老乡家里有喜事，都会借阿尼帕家的大锅去做抓饭、炖羊肉。人们给这口锅起了个好听的名字——团圆锅。大家都说，只要用了这口锅，家里就会像阿尼帕家一样团结、和睦、幸福。当有人问阿尼帕孩子们都是哪个民族时，老人说：“在我家里，没有民族之分，手心手背都是肉，他们都是我的孩子，我们是一家人！”

在这部电影中有很多留白，就像泼墨的国画一般，季节性画面呈现的美轮美奂，音乐如同天籁，景语已经变成情语，这也是这部电影让观众潸然泪下的原因，质朴的情景留住了观众的心。纯净的天空、温暖的毡房、风吹草动的画面，表现了剧中人物虽然经历了种种磨难，但内心仍然保持着纯净的内心。《真爱》强大的渲染力让人感动不已，真爱的力量足以震撼观众伟大的母爱、伟大的付出、伟大的真爱。

有人说："《真爱》像是月光里飘来的琴声，让观众在静静的时间里，感受着纯洁的人性之美。影片抛开了那种描绘英雄人物常用的模式，不强调故事的情节性和矛盾冲突的激烈性，而是在充分利用镜头画面感，着力营造诗意的氛围，创造出了动人心弦的审美效果。"这是一部歌颂母爱的影片，更是一部民族融合的影片。影片凸显了"爱国爱疆、团结奉献、勤劳互助、开放进取"的新疆精神，具有鲜明的当代电影艺术气质，让影片中的母爱像一条宽大的河流在人间温暖的河床上流淌，在这个河床上流淌的爱是不分民族和地域的，这既是人类共有的良知，也是人类永恒的家园。

《真爱》是真心之爱，人人身上皆有之，人人心中向往之，所以它在不同民族、不同地域之间都可以产生共鸣，这是良知与爱的力量的传递过程，也是构建和谐社会、传递正能量的和谐音符。

坚持，像钻石一样珍贵

林宇辰

（山东大学商学院 2017 级金融学专业）

观看影片《流浪地球》后，我印象最深的是一句话是"希望是像钻石一样珍贵的东西"。可在我们物资富饶的当下，相比而言，一切似乎都来得太轻而易举，可能我们缺少的，不是所有转向发动机齐燃时人类便能获救的希望，而是将无数小分队拼尽全力将"火石"运向目的地的坚持。

或许，光是离开地下安全区到达地表时那无边无际的暴风雪就是很多人对梦想望而却步的理由。每当挫折轻轻碰了我们一下，我们便"咚"的一声直挺挺地倒在那里。我们不是缺少路，我们是缺少咬牙坚持的勇气。道路千万条，而坚持才是最重要的。就像曾经有一个出身贫寒的女孩，初次登上演讲台，在场的那么多导师只有一名选择了她。而她的对手呢，是辩论冠军，是世界纪录保持者，是在初选阶段就被所有人哄抢的鬼马书生。真的，和别人相比她几乎一无所有。在场嘉宾问她："你真的不怨我们不选你吗？"那一瞬间我们可以很清晰地看到她眼睛里的泪花，感受到她内心的难过，就像她自己说的那样，"承认失败多容易啊，比那种日复一日的坚持和忍耐容易多了"，但是她说："我要相信梦想，要坚持到所有人都放弃。"而她，就是第二季超级演说家的总冠军刘媛媛，其演讲视频更是获得上亿的点击量。这就像无数流浪地球的救援队那样，明知道自己的努力可能微不足道，明知道自己再怎么拼命或许也难逃厄运，却像个"傻子"一样去坚持，去相信这个故事会有一个"happy ending"。追本溯源，实现不了梦想的人由于其总是对八月长安在《最好的我们》里写的"不是所有坚持都有结果"念兹在兹，却忘了后半句"但是总有一些坚持，能从一寸冰封的土地里，培育出十万朵怒放的蔷薇”的辩证思考。

真正的坚持是张皓宸笔下的对梦想的热爱，又或是许多成功人士说的“坚持到感动自己”。要知道，梦想的真经不是猪八戒吹吹牛皮就能取回来的，而是靠白龙马一蹄子一蹄子踏出来的。而梦想本身就好像西天尽头的如来佛祖，它会设下九九八十一难，看你是不是真的像孙悟空那样，可以在名叫“挫折”的妖魔鬼怪中杀出一条路来。归根到底，坚持是源于自己心底里的渴望与执念，它既不因磨难所减，也不为心魔所扰，冒牌货与它的区别就像六耳猕猴与齐天大圣那样，别人可能看不出来，可是如来佛祖一试便知。

其实，追求梦想的坚持从不过时，它既等待着那些没故事的人努力拥有一段自己的故事，也恭候那些故事太多的人拼命画上一个完美的结局，而胜利的绝招，就是把你的全部奉献给你所热爱的一切。请带上你最宝贵的地球，飞向最光亮的彼方，在追逐梦想的途中，我们绝不回头。

因为，无论结果为何，我们追求梦想的勇气和坚毅将永远镌刻在星空之下，闪闪发光。

好莱坞影视与中国大片

于英琦
（山东大学东北亚学院 2017 级朝鲜语专业）

《复联 4》的上映受到了国内外观众的一致追捧，不得不说，整一个漫威系列将美国的英雄主义精神体现到了极致，超级英雄们是他们争相模仿的对象，更是一种精神领袖的象征。我不由得想到了之前在中国播出的《流浪地球》和更之前的《战狼 2》《红海行动》，这些“中国大片”在受到好评的同时也遭受了不少的非议，有人说这些影视片“又红又专”，夸大事实，可是在我看来，这些影片里恰如其分地体现了中国式的情怀与浪漫。

带着地球去旅行，带着家园去流浪，为了全体人类的命运，即使牺牲掉领航员空间站也在所不惜，这种精神只有中国人敢书写，只有中国五千年沉淀的文化才能将其淋漓尽致地展现出来。我们总是有一点点可爱的固执，就像《冰河世纪》里的松鼠紧紧抱着自己的松果穿越整个冰川。

我们从来都不会说哪几个人是大英雄，是他们拯救了全世界。我们只会说，我们所有人都要跟紧先行者，要相信他们不会放弃大家，要相信跟着他们就会走向前途光明的未来。没有人会怀疑这一点，我们一直如此，从未变过，几千年前这是忠诚，几千年后的现在这是信仰。

还记得最初在影院看《红海行动》，战士们深深打动了我。在重火力压制的战场上，四周是断臂残肢，成块的躯干，说不害怕是骗人的。但有些事情总得有人去做，就像总得有一部分人去承受更多压力来换取更多人的幸福。我作为一个旁观者，明明站在所谓的“上帝”（观众）视角，却用一种无法感受到硝烟但切身体会到痛苦的方式感受了一场战争。

直到最后,画面中出现身着海军常服的整齐得像白杨树般的战士,看着他们抬手敬礼,我忽然想揪住一个老外,告诉他:“看,这就是我们的战士,你们只有政府军和雇佣兵,你们体会不到这种感觉。”

这就是中国大片。我们总是自觉不自觉地把一些独有的、只属于中国的东西穿插了进去,中国英雄不像超级英雄那样只存在于遥不可及的想象中,而是会让人感受到切身的踏实般的存在,这就是中国人,这就是我们的同胞,他们不为其他任何政权服务,当灾难来临的时候他们就是我们的铜墙铁壁,美国队长是不存在的,但中国英雄就在我们身边,看我们有多幸运。

好莱坞的电影在拍摄时都会有美国大片一贯的个人英雄主义精神穿插其中,而这些影片在世界范围内享有盛名,足可以看出美国软实力的输出能力之强。撇开所有令人叹为观止的特效和演技,这种个人英雄主义的思想贯穿始终,这或许也是一种民族自豪感的表现吧。

美国的高校在面试国际生时会提问:“你怎么看待超级英雄?”这是一道隐形命题,要求你真的关注他们,了解他们。如果要到美国学习生活,就要从根本上认可他们的文化与思想,认可这种个人英雄主义精神。美国的历史不长,但不得不说如今它仍是世界强国,仍在国际上占有相当重要的地位,所以他们有足够的理由相信个人英雄主义,相信超级英雄们可以代表美国去拯救世界。

如此这般,中国人更应该在这方面树立起强大的文化自信,我们有更深层的文化底蕴,有更悠久的历史,有更广阔的背景素材,我们应该放心大胆地支持中国大片,支持大片中的中国情怀和中国式浪漫。2017 年是《战狼》,2018 年是《红海行动》,2019 年是《流浪地球》,相信未来的中国大片一定会更好。

要确信我们确实有这种实力,我们的机床卖给了德国,手机卖给了美国;我们航母已成军,卫星也学会了编队;时间线不停延伸,欧美有一半人认为中国才是最强的经济体……

我们迎来了百余年来最好的时候,要相信中国已是世界上最强大的几个国家之一。但这没什么可骄傲的,因为在过去的几千年中我们常常如此。

读史有感

李佳容

（山东大学商学院 2020 级经济学专业）

“今人不见古时月，今月曾经照古人”，史如明月，悠悠流转，沁入我心；“落红不是无情物，化作春泥更护花”，史似落花，蹁蹁跹跹，零落我心；“不知江月待何人，但见长江送流水”，史似流水，川流不息，荡漾我心。华夏民族上下五千年的历史是忠志之士保家卫国的血汗史，是帝王将相指点江山的智谋史，是青年才俊书生意气的奋斗史。

字字句句可谓是兢兢战战。

几千年来的风流人物，几千年来的江山社稷，几千年来的风俗人情，一字一句就被刻画，轻描淡写的背后是跌宕起伏，不声不响的背后是惊世骇俗，轻如鸿毛的背后是重若泰山。

“人事有代谢，往来成古今，江山留遗迹，我辈复登临。”

读到“奋六世之余烈，振长策而御宇内，吞二周而亡诸侯，履至尊而制六合，执敲扑而鞭笞天下”，不免想起嬴政统一度量衡，不免想起商鞅竭力改革变法，不免想起大秦筑长城击匈奴。春秋战国的硝烟四起，“大江东去，浪淘尽，千古风流人物”。纵横之术，输输赢赢；天下大事，分分合合。桩桩件件，怎能不为历史的风云变幻而震撼，不为国人足智多谋而震撼，怎能不为中华历史的源远流长而震撼！

鼎千年之盛世，有“最是一年春好处，绝胜烟柳满皇都”的繁华昌盛，有“九天阊阖开宫殿，万国衣冠拜冕旒”的万国来朝，有“忆昔开元全盛日，小邑犹藏万家室”的国泰民安和国富民强，有“人歌小岁酒，花舞大唐春”的风情熠熠和风花雪月。诗仙李白绣口一吐就是半个盛唐,诗圣杜甫眉头一皱又补全了半个乱世。问世间情为何物?且看白居易将那爱恨情仇徐徐道来。这盛世的繁华怎不叫人震撼?这威震八方的气派怎不叫人震撼?这中华民族的风度怎么不叫人震撼?

"人生自古谁无死,留取丹心照汗青",铮铮铁骨。这是谦谦君子,也是热血男儿,如此中华儿女怎不叫人震撼!

当1945年抗日战争胜利时,当1949年新中国成立时,当1971年新中国恢复联合国合法席位时,这一个个历史时刻,中华人民共和国的子民,谁人不震撼祖国的发展?资本主义势力,谁人不震撼中国的潜力?

疫情肆虐,是谁站在中国人民背后?当"雷神山""火神山"十天之内拔地而起时,当一批批防疫物资迅速补给时,当来自全国各地的援鄂医疗队到达时,真真正正地彰显了中国速度。这场战斗终会载入史册,留给后人一次又一次的震撼。

中国的历史让人震撼,中国让人震撼!

刀光剑影里的诗词卷轴

刘致奥

（山东大学商学院 2017 级金融学专业）

我们很多人尚在年少时，腹无三两书，胸无百千量，不谙世事，纯净得似张宣纸，却生怕被别人说浅薄，于是像他一样上层楼，更上层楼，“为赋新词强说愁”。骨相空谈，肠轮自转，等到回头时光悠悠随水逝去，进入人生的晚秋，离不开的却是回忆。他身站高处，拍遍栏杆，回望那放荡不羁、满腔热血的青春。期盼彼时的理想之花如约绽放……欲说还休！欲说还休！可能他年华已老，不愿再为外人道，将心绪尘封为宜。知心者未诉说便能体味，异行人道尽肝肠也难发共鸣。

他的“愁”是心系家国社稷的壮志难酬，那个时代的悲壮回音。他不是畏缩在角落发牢骚的愤青，他有气吞山河的磅礴与勇气，他是跻身主流的开拓者。他“愁”的不是安然盛世里的对月空吟，而是刀光剑影里的金戈铁马，颠沛流离……众里寻他，走过青丝到鬓霜，一生意难平。却又了却君王天下事，赢得生前身后名，他，辛弃疾，戎马一生，保家卫国。一代词宗，千古流芳。

诗词卷轴里的乱世豪杰们酷爱回望自己的戎马生涯，尽管艰苦乏味，却是一种绝对真诚、天生的向往。对于一生想要收复中原失地的辛弃疾，年轻时亦有着初生牛犊不怕虎的冲锋陷阵。硝烟中的辛弃疾无疑是个骁勇战将，身披盔甲骑战马更为意气风发，面对金兵，心中从未出现过“退缩”二字，只有耳边的疾风呼啸，伴随着血液汩汩流淌的浑厚之声。

现如今，我们崇尚和平，抵制武力。但中华民族从来都不喜好侵占，只有在他人的觊觎下小心地防御着，当领土被侵犯，人民安定被打扰，自然愤愤难平,自然要拿起刀枪宣泄满腔热血!

时势造就英雄,亦能毁掉英雄。他无论如何也想不到:若干年后,南宋的主和派当了权。当个人悲剧与历史悲剧重合,郁气便久久不散,令人叹息扼腕!于是青春的遗憾在他身上烙下永恒的印记,直至人生流逝,风烛残年。

我不免想说一句,历史这个负心人,辜负了辛弃疾的豪情,冰冷的心肠让辛弃疾演起了独角戏。这是世人眼中不合时宜的坚守,孤独地期盼着理想,在痛苦中坚持,在矛盾中妥协。更难的是,这种没有回应的浓情,他竟坚持了一生,岁岁复年年,浓烈得挥之不去。

也许这就是理想,生活的奔头,与生俱来的渴望,灵魂中的胎记!除非前路是悬崖峭壁,没有什么是无可企及,无人能抵挡心中的千军万马。这份最真最纯的信仰,化为他心中统一大业的图腾,即使肝脑涂地,却始终肩扛理想大旗,将失落的歌声传唱得最美,就算蝴蝶飞不过沧海,也无人忍心责怪——“衣冠人笑,抵死尘埃”。

一生处于动荡之中,却挡不住英雄豪情,一心为国为民请命,到头来落得白发生。词一曲古琴流觞自是不提,金戈铁马本该在大漠飞沙,却搬到了钱塘柳巷。日升之时,千般豪情;日落之后,夙愿难平。烟雨平生,谓之飒爽。刀光剑影,梦一生。梦一场,何时可醒来。醉一场,何时能若梦。英雄,被时代赋予了悲伤的底色。他在灰暗的幕布上,蘸着自己的爱国热血,挥洒笔触,为这个时代留下印记。

我们不禁幡然,在千百年前,那样一个腐朽的时代,曾经有一个人,如此执着地坚守着对国家的爱。血泪喷洒在国家上,即使满目苍凉,因为是你,因为是中华民族,所以相信,所以依然深爱!只要有一根爱国的筋脉,总能复苏,总能生生世世繁荣下去。

莫言世路叵测,力求发光发热!

王昌龄的边塞情怀

李靖远

（山东大学澳国立联合理学院 2019 级应用化学专业）

他是“七绝圣手”，他是“诗家天子”，他是大漠孤城的守护者，他是边塞诗人王昌龄。

“秦时明月汉时关，万里长征人未还。但使龙城飞将在，不教胡马度阴山。”小时候读这首诗，只惊叹于对明月和长城的书写，因为他们承载着漫长的历史。然而当我对王昌龄的了解加深后，我更喜欢后半句——“但使龙城飞将在，不教胡马度阴山”。这　句承载着他的理想，他渴望国家安定，渴望精忠报国，渴望和战士们一起衣锦还乡。我不知道他所在的军队有多少如飞将军李广那样的精兵良将，但我知道这一定是一支勇猛的军队，一定不会让敌人的铁蹄践踏祖国边疆的领土。

每当读起这首诗，我的脑海里总能浮现出战士们骁勇善战的身姿和那席卷而来的漫天黄沙所构成的边塞“美景”图。

有人说“大漠孤烟直，长河落日圆”道出了边塞之美，但我想说“万里长征人未还”同样也是边塞之美。大漠、落日、黄沙、马鸣，的确是边塞独有的风景，但征战的将士却是这独特风景的点睛之笔。

边塞诗从汉代发展到唐代，诗人以豪迈壮阔的笔触将边塞之美告诉世人。尽管朝代不一，但始终未变的是每一位边塞诗人对建功立业、保家卫国情怀的坚定守护，对爱国主义的坚定传承。

“非战诗人”杜甫曾高喊：“男儿生世间，及壮当封侯。战伐有功业，焉能守旧丘！”这一句或许可以用来很恰当地形容每一个渴望在战场上建功立业的有志男儿。我想王昌龄或许和其他人一样,都有着慷慨赴边、建功立业的壮志。他生于大唐,一个开阔的时代,一个包容的时代,一个充满英雄主义的时代。他想让自己成为如飞将军李广一样的英雄,于是他奔赴沙场上阵杀敌,于是他爱上边疆,笔墨处处为边疆留情。

边塞诗成就了王昌龄,而他也让原本暗淡的荒漠变得“风情万种”。男儿矫健的身姿配上高亢凌厉的作战号角不正是给萧条的荒漠积蓄充满热血的力量吗?

“青海长云暗雪山,孤城遥望玉门关。黄沙百战穿金甲,不破楼兰终不还。”王昌龄笔下的战士身经百战,将铠甲磨穿,但壮志不减。战士们一起许下共同的誓言:不打败进犯之敌,誓不返回家乡。我从未领略过边疆的风沙有多么萧肃,但我想那一定是刻骨铭心的经历。“戍者思归,故登城而望玉关,求人生也。因言冒风沙而苦战久矣,然不破楼兰终无还期,悲何如也?”这是后人对《从军行》的解读,但是我并不赞同,尽管金甲磨穿、黄沙满天,但战士们并没有因风沙而消磨斗志,而是在风沙的洗礼下意志更加坚定。一句“不破楼兰终不还”,让我看到了战士们在刀光剑影中奋不顾身、浴血搏杀的姿态。

在盛唐走过的一百多年里,始终伴有战争的喧哗。然而身处安乐之中的人从未感受过征战将士所处的境地。现代热词中的“哪有什么岁月静好,只不过有人替你负重前行罢了”,这句话同样适用于从古至今的每一个盛世,因为盛世背后总有人忍辱负重。风沙可磨平金甲,但磨灭不了每一位爱国者对祖国坚定的守护之心。古代是这样,现代亦是。

侠之大者,金石为开

辛华钰

(山东大学商学院 2017 级国际经济与贸易专业)

一点浩然气,千里快哉风。如果在他的小说中选一个角色,他说愿做《天龙八部》中的段誉,“他身上没有以势压人的霸道,总给人留有余地”。常言“文如其人”,我想金庸先生便是典范:总是文质彬彬的书生模样,衬衣扣要系到最上一颗,领带要打到喉结,国字脸上一副细框眼镜,他凭一支笔便书写了整个江湖。他说人生就该大闹一场,然后悄然离去;他笔下风起云涌无数,却终生未书过自己。金庸先生的驾鹤西去实在令人叹惋,但我并不愿将这种情绪带入行文。因为我相信,大侠未离开,江湖依旧在。故今日不愿谈其一生,但愿谈其武侠。

这大概是最独特的一副对联:“飞雪连天射白鹿,笑书神侠倚碧鸳”,横批“越女剑”。初中的时候想多读点书,问老师该读什么,不苟言笑的语文老师扶扶眼镜说:“去读武侠吧,读金庸。”假日的下午窝在爷爷家的沙发里,收音机里播的约摸是连丽如讲的《鹿鼎传》,老爸在旁边有点骄傲地说这书他读了不知多少遍,我便知只需多问一嘴,他定会滔滔不绝。于是翻箱倒柜,幸而老爸的旧书还在那里静静地等着我,泛黄的书页总是别有一番讨喜的味道。武侠于我,金庸于我,自此而始。

他的英雄美人、快意恩仇,他的刀光剑影、侠义江湖,曾经填满了不知多少人仓皇的少年时代,而这些人如今大抵已是为中年危机焦虑不堪的一代了。身边读金庸的同学甚少,大家略知一二的或是通过游戏,或是通过改编得面目全非的影视剧,或是戏言“少年我看你骨骼清奇,天赋禀异”尔尔,便以为是武侠。

现世侠义何在?斗笠蓑衣、仗剑天涯着实不现实,但若无知者言俗气,实在失敬。侠义不只在于先生笔下,更在于亲情、友情、爱情和人生。这是一种中国味道的独特精神。心怀侠义之人,也许有着人尽言痴的执着,认定一道、一义,便不撞南墙不回头,即撞南墙亦不回。我是见过有几分侠气之人的,当真可贵。现代社会也许不需要字面意思的"拔刀相助",却需要拔刀相助的侠义。而现在的人们似乎更愿捧着爆米花在电影院为大荧幕上的超级英雄欢呼喝彩,却无视身边冷暖。

而我想说,侠义从未过时,此身仍在江湖。曾以为"侠"字难寻,却在大学中欣喜觅得。初遇"仁侠青春",便为其名所吸引,后来有幸做了小编,不论是初遇时的承蒙赏识、心意相通,还是相处中的理解包容、关心爱护,抑或是那一篇篇稿件——我始终认为文字是骗不了人的——只那字里行间的浩然正气,于我,已是侠义。借此谨以拙笔真诚地表达感谢,拳拳之情实难言述。知己难寻,感谢相遇。

嗅一缕薄荷香

姜尚彤
（山东大学商学院 2020 级经济学专业）

传说李时珍尝遍草药千千万，最终“尝”出了中医药巨著《本草纲目》。我想，这途中他必定品试过一味草药——薄荷。薄荷味甘，茎叶有清凉香气，茎有四棱，叶子对生，属多年生的草本植物。而我心中的中华优秀经典，正如这清凉怡人的薄荷，在品读者的心底留下阵阵余韵芳香。

当一本传统文化经典被我们细细地阅读，其丰厚的文化底蕴与强大的精神力量总能带给我们深远持久的影响。这就好似在口中含过一片清凉怡人的薄荷，提神醒目，唇齿留香。我曾经读过几章《道德经》，虽然没有逐字逐句地研品探讨，只是对照白话译本通了个大概，但时至今日，每每回味起其中几处佳句，灵魂总能感受到一丝触动。“上善若水，水利万物而不争”“飘风不终朝，骤雨不终日”等名言，虽然简短，但其中内涵总能使人获得受益匪浅的感悟。

闲暇时总会随口吟诵几首唐诗宋词。相对于那些沉郁顿挫的诗篇，我更喜欢清丽幽美的风格。如“春水碧于天，画船听雨眠”“燕草如碧丝，秦桑低绿枝”。灵动的字词仿若一幅幅俏丽的画卷，在我的脑海中一一展映开来。心中萦绕着一抹清新的气味，它会使我的心绪趋于平静。诗句的魅力也不仅于此，像“人生如逆旅，我亦是行人”“此情可待成追忆，只是当时已惘然”，虽无高远报国志，却令读者深刻领悟那一门名为“生活”的哲学。

在中华文学经典中，亦不乏如薄荷般怡人的人物形象。《红楼梦》中单纯坦率的林黛玉，《警世通言》中坚贞不屈的杜十娘，《聊斋志异》中勇于追爱的宁采臣……他们在薄薄的纸页中鲜活着，拥有同样浓郁的芳华与韵味。每每读到描写他们动作、神态的语段，总是周身舒爽干脆。

然而，有一些人不认为中华经典像“薄荷”之类清爽怡人，他们认为所谓“经典”，分明就是难以下咽的苦药。的确，国学典藏中的一些文言内容给阅读带来了一定的困难，参悟消化难度更大。但是，品味国学经典，是一个从“吃苦”到“回甘”的过程。从浅阅到精研，持之以恒，必定苦尽甘来。当然，正如我们平日里吃螃蟹，要想吃到完整饱满的蟹肉，有一副好的吃蟹工具就方便得多，如果我们有扎实的文言基本功，读起传统经典来自然也会顺畅很多。其实，这个基本功的训练和获得，又何尝不潜在我们每一分钟的阅读中呢?

烟雨迷蒙的梦中，有几卷经史，有几行诗词，轻轻将它们拥入怀中，鼻尖嗅到一缕清淡的薄荷香，那是最浸润心田的力量。

说　雪

张　洁

（山东大学商学院 2017 级会计专业）

《说文解字》中已经有了“雪”字。有人认为这就是天降鹅毛大雪之形。许慎把“雪”解释成“凝雨说物者”——“凝雨”说明古人已经认识到雪是水在寒冷的空气中凝结成晶体的产物；“说”是“悦”的借字，所谓“瑞雪兆丰年”，雪自然是令人欣喜。

雪一直以清纯和浪漫的形象存在于世人心目中。当洁白晶莹的雪花散落人间的时候，每个人的心里都充满了美好的想望。它的形态和特质与中华民族的物质和精神生活密切相关，因而它必然会渗透到中华文化的长河中去，从而产生对雪的认识、观赏、利用等活动，进而逐渐积淀成一种“雪文化”。雪是丰年的使者，华夏民族对雪的认识，首先是从实用角度出发的。尽管有“乱云低薄暮，急雪舞回风”，也有林冲上梁山时“雪下得正紧”给征夫孤旅带来了无尽悲凉，但对农耕为业的国人而言，雪带来的信息总是来年的喜悦与丰收。古人认为“雪是五谷之精”，冬雪适时而至，来年便会“年登岁稔”。在中华这个古老的农业国度里，农业是国计民生的根本，风调雨顺，水量充足，湿度适中，加之农民的勤劳耕作，粮食就会丰收。民以食为天，老百姓有了养家活口的东西，就会安居乐业，社会秩序也自然会稳定。

作为一个崇尚自然和美的民族，中国人对雪的认识，不仅仅停留在物质层面，更是深入到了精神层面。雪花飘落的翩然多姿，大地山河的银装素裹，洁白无瑕的断桥残雪……都成为中华民族对其赞赏不已的重要因子。与雨比较起来，雪更能激起人的诗情画意。风花雪月里，诗人为之歌咏；赏雪吟诗时，文人乐此不疲。

唐代咏雪诗数不胜数。韩愈一生写了不少有关雪的诗篇。他笔下有像“云横秦岭家何在,雪拥蓝关马不前”这样少数的悲壮句子,但大多数描绘的是那皎洁轻盈的雪花。《春雪》一诗云:“新年都未有芳华,二月初惊见草芽。白雪却嫌春色晚,故穿庭树作飞花。”表达了诗人盼春的急切心情,但他却不直截了当地说,只是婉言“白雪却嫌春色晚”。而那些轻飘曼舞的精灵,统统化作万点飞花,在庭树间穿梭往返。读者吟咏至此,顿觉嫩绿满眼、春光融融了。杜甫的《对雪》:“旋扑珠帘过粉墙,轻于柳絮重于霜。”前一句写雪花纷飞的景象,后一句写雪花的质量——轻于柳絮,重于秋霜。再如“乱云低薄暮,急雪舞回风”,也从不同侧面描摹了雪的形态。又有李商隐的《对雪二首》云:“最爱东山晴后雪,软红光里涌银山。”写雪后放晴,阳光初照,白雪覆盖的山头,红光淡淡,一派迷人景象。还有王维的《冬晚对雪忆胡居士家》:“洒空深巷静,积素广庭闲。”飘飘洒洒的雪花从天而降,深巷无人,显得十分寂静,白雪覆盖着庭院,银装素裹,显得格外清闲。

宋词中也多有表现雪与梅的佳句。如吕本中的《踏莎行》中“雪似梅花,梅花似雪,似和不似都奇绝”,晏几道的《虞美人》中“小梅枝上东君信,雪后花期近”,辛弃疾的《江神子》中“雪后疏梅,时见两三花”,张孝祥的《减字木兰花》中“人间奇绝,只有梅花枝上雪”……

除了诗词以外,还有很多与雪有关的经典故事。如东晋名士谢安召集谢家子弟谈诗论文。忽然天降大雪,谢安问道:“白雪纷纷何所似?”侄子谢朗答:“撒盐空中差可拟。”侄女谢道韫却不以为然:“未若柳絮因风起。”这时的谢道韫年岁尚小,以柳絮来形容飞雪,实在是形神兼得,谢安大为赞赏。晋代有个叫孙康的书生,幼时家贫,无钱买灯油,不能夜读,只有早早睡觉。他觉得这样白白浪费掉时间,非常可惜。一天夜里,他从睡梦中醒来,把头侧向窗户时,发现窗缝里透进几丝光亮,那是大雪映照出来的。孙康心中一动:映着雪光,可否读书呢?他回屋拿书,在雪地中一试,果真可行。于是他立即穿好衣服,在雪地上看起书来。

你是否对雪又多了几份喜爱?在这喜爱之余,青春年少的我们应该更多一份青春的激情和豪迈,毛泽东那首《沁园春·雪》最能契合这种精神追求:“俱往矣,数风流人物,还看今朝。”生逢新时代,奋发吧,少年!

人间自有真情在

徐含笑

（山东大学商学院 2017 级国际经济与贸易专业）

还记得有天下午刷空间，被一条说说刷屏。配图是熟悉的场景——宿舍楼下的绿垃圾桶旁，竖着一块白色板子，上面是板正而认真的字迹：“孩子们，你们好！少年别笑白头翁，花开花落几日红。光阴似箭催人老，好花能有几日红。再见，同学们！”

其实这并不算严格意义上的诗歌，却足以看出是认真斟酌过的。印象中，他在那几个绿垃圾桶旁大概待了半个多学期。每天早上、下午走出宿舍时都能看见他在垃圾桶旁分类垃圾、挑一些纸盒子和瓶子的场景。他个子高高的，看上去甚是清爽利落。最重要的是，他十分开朗，会在清晨边挑垃圾边吊嗓子，会听着广播不自觉地开心起来，会自言自语低头感叹些什么，也会和同学们打招呼，祝大家有个愉快的一天。他总是笑语盈盈的。在他身上，仿佛没有任何岁月留下的伤痕。

虽然我一直以来并没有和他说过话，但半个多学期里，每次路过时总会不自觉心里一热。这座小城的清晨总是有丝丝阳光，夹杂着几缕微风的凉意。每天走下宿舍楼，映入眼帘的都先是这样一个活泼的身影，多么美好。一日之晨的心情也瞬间变得轻快起来。

每次一群人走过去放下打包好的垃圾，常常能够听到他洪亮的声音：“对了！很好！好孩子！”可能是因为我们乖乖装好了垃圾让他很开心，也可能是因为我们没有随地乱扔而让他很欣慰。其实每次他说完，并没有几个人回应，但他依旧乐呵呵地表扬我们。心里很暖，但也夹杂了一点点心酸。

有时候路过放下一袋垃圾,可能是在他刚刚整理完一个垃圾桶之后,所以他常常笑着叹息:“哎呀！又来一批。”但他从不抱怨,总是乐呵呵地又继续开始分类。我每次都以微笑回应他的乐呵。还记得上次路过,路上人比较少,可能是因为第一节课很多人都没课吧。放下垃圾时,听见他在自言自语:“哎呀,今天怎么人这么少,哎呀,这些小懒孩,肯定都躲在屋里睡大觉呢!”宠溺的语气,像是对待孙女一般。

有时候也会听到他笑吟吟地嗔怪道:“哎呀,你看看你们这些孩子,真是的。”大概是又遇见分类糟糕的垃圾袋了吧？他虽是责怪的意味,但语气仍然和蔼,依旧像是对自己的孩子无可奈何但又十分宠爱着。大概他真的是把我们当成他自己的一群孩子了吧。有时候风大,常常把堆满的垃圾吹散到地上,一片混乱。但是他还是很自如地整理着,依旧是乐呵呵的脸庞,依旧是洪亮的嗓音。继而,整洁的地面又出现了。

还记得有次正巧看见一个姑娘送给他一袋子鸡蛋,他的喜悦溢于言表,开心地对姑娘说:“哎呦好姑娘！我正缺鸡蛋呢!”而后两人对视一笑。姑娘眸中是羞涩,他嘴角是温暖。我在一旁,悄悄在心里定格这两抹异常美丽的笑脸。不知道当时有多少人看到,应该会和我一样感受到这种真情吧。这件事看见很久之后都忘不了,以至于上次看到征文比赛,要写校园里的美好瞬间,我脑海中的第一个画面就是这袋鸡蛋。

可能早已习惯于他整理垃圾的身份,突然看到他留下的这个牌子,于我而言,心里却很难过。

下午在网上刷到这个牌子的消息,晚上回宿舍的时候路过,特意去瞧了一眼。牌子依旧在那,边上依然聚集了很多人在拍照、在议论这块牌子。

后来才知道,他并不是要离开,只是心有感触给我们留个言而已。然而再次回顾那块牌子,仍然感觉是很美好很淳朴的语言,很认真很板正的字迹。乐呵呵的他,纵然生活朴素,但一定是幸福的。

那么,能不能在我们的生活中也随时安放一颗温暖的心？能不能在心底也感恩普通人的付出？能不能真正从身边做起,对周围为我们忙碌的平凡人施予微笑,让他们也可以感受到一份工作的成就感？我相信可以。人间自有真情在。感谢垃圾爷爷让我看到了一份蕴藏于平凡身躯里的耀眼的力量。

为爱行千里，共筑团结梦

于晓雨

（山东大学机电与信息工程学院 2019 级自动化专业）

高三开学前的暑假，妈妈被单位派去南疆支教一年。忙于高三备考，当初我并未找她了解过细节，如今翻出她的支教日记，感慨颇多。

不同于全国其他地区的支教，南疆学前双语教育支教是教少数民族学生学习汉语。南疆有些成年人尚且不会说汉语，学龄前儿童双语教师短缺，双语教育质量偏低。为了增进少数民族儿童的祖国认同感，促进民族团结，自治区组织了学前双语支教，从各个单位派遣了大量支教干部。

妈妈去的是一个国家深度扶贫村的幼儿园。设施还比较陈旧简陋，6 个班共 233 个孩子，有 102 个贫困家庭的孩子。艰苦的条件和语言的不相通给工作带来了比普通支教更多的困难。支教干部带孩子们说汉语、唱国歌、学古诗，努力将汉语教学渗透进孩子们生活的每一个角落。他们还通过组织孩子们向捐赠机构写感谢信、穿唐装在“六一”儿童节表演《中国红》舞蹈等形式，培养孩子们的文化认同感。

支教本身是一项严肃的政治任务，但是我在妈妈的回忆里感受到的更多是亲历者的收获。当和孩子们真正相处，支教者会意识到，这是一份美丽的邂逅，是人与人之间距离的拉近。那份因为生命触碰摩擦而产生的火花，比媒体宣传丰满得多，比政策文件生动得多，比盖了红章的荣誉证书绚丽得多。它们是漫长的冬日绽开的明艳笑容，是短促人生中永恒的故事，有着未曾经历者永远无法感知的温度。它们可以融化不同群体因陌生而构筑的隔阂，让我们知道隔阂只是因为互相了解得还太少。

在妈妈的讲述中，我知道了热孜亚会在正午的滑梯上露出最纯真的笑容；阿不都沙库尔可以用彩泥捏出蜘蛛侠、用拼图拼出院子，为了造出长长的梯子，他会在教室里四处转悠，就想找一点别的孩子多出来的彩泥；衣斯马依力会因为涂五星红旗比别的小伙伴慢而委屈大哭；好兄弟阿不都萨拉姆和阿不都热合曼会向人比划还不标准的军礼，自豪地表示“我是解放军”。简陋的校舍、汉语不流畅的孩子，当看到孩子们仰着头、眨着眼睛冲支教老师笑的时候，那份天真无邪、那份对生活的执着总是让人感受到无穷的力量。

越是贫瘠的土壤，越需要阳光和水分，而土壤也会回馈自然以茁壮的树苗。支教干部付出的是身体的辛劳和几年如一日的热情，得到的却是日渐融洽的民族关系和未来将为新疆建设添砖加瓦的年轻一代。或许他们还是未成熟的新芽，但希望的火光已经从地平线那端出现。

缝纫机的变迁

杨丰羽

（山东大学翻译学院 2018 级英俄双语专业）

“听织，声促，轧轧鸣梭穿屋。”孙光宪在《风流子·茅舍槿篱溪曲》这样描写道。那“轧轧”织布声是他蓦然听到的，就从他驻足留恋的溪边屋里传出。于是他知道，在这安详中忙碌，有急而“促”的劳作。幸而，这样的声音我也曾听过。一样的“轧轧鸣梭”，一样的安详美好……不一样的，是那台缝纫机。

产于 1968 年的“飞人”牌缝纫机，曾被姥姥视为家里最贵重的宝贝。按姥姥的话讲，这台缝纫机是娘家砸锅卖铁给她置的嫁妆。当然，这并不夸张。在 20 世纪七八十年代，“飞人”牌缝纫机、“永久”牌自行车和“上海”牌手表，是当时青年男女结婚的“三大件”。若是谁家有一台“飞人”牌缝纫机，那绝对是一件极有面子和值得荣耀的事。

孩提时，我总喜欢看姥姥用它做些针线活。娴熟的脚法下，踏板循着规律，一前一后地摆着；我并不能说出它是什么原理，只见它就像齿轮的联动一般，旋梭和着脚上的节奏一上一下。姥姥总是习惯性地弓着背，戴着老花镜，专注地看着机针，移送着手上的布料。“轧轧……嗒嗒……”吊着的线轮不停地转动，看着缝好的面料上一列列整齐的车线，我有种莫名的享受与幸福。

渐渐地，家里人不再稀罕她的车线工艺棉布夏装，也不再有一个会望着她做活一整天的小仰慕者。姥姥使用它的次数越来越少，除了缝缝补补，“飞人”牌缝纫机在家中的作用日渐衰退。这只是 21 世纪的头几年，这样的变化就已让她感到了前所未有的失落。

“改革开放的社会发展太快啦！”她时常感慨。的确，我们建立了社会主义市场经济体制，各类生产要素充分涌入制造业，我国制造业内部结构调整升级和提质增量取得明显成效。随着我国成衣化水平的提高，家用缝纫机逐渐被人们遗忘。“黑头机”不是在家里积灰，就是在旧货市场待售。“飞人”牌缝纫机经典且唯一的机型，就是“黑头机”。曾在上海市缝纫机研究所工作的吴剑敏老先生在接受媒体采访时曾说过：“尽管当年有飞人牌、蝴蝶牌以及蜜蜂牌，每年生产出来的上百万台缝纫机用的都是同一张图纸，除了商标不同，其他都像是一个模子里刻出来的。”放在今天，这是无法想象的。但在计划经济的时代，却是市场上的常态。历经时代变迁，“黑头机”已经成为一个时代的记忆，更成为改革开放的见证者。

曾经的家用缝纫机巨头品牌如今已销声匿迹。从改革初期我国加快推进以消费品为主体的轻工业优先发展战略，到 20 世纪 90 年代重工业的快速发展，再到当前高端制造业的迅速崛起，我国制造业由以劳动密集型行业为主逐步向资本密集型行业、技术密集型行业转型升级。一些企业在生产规模、研发水平、管理能力及市场拓展等方面已成为制造业各领域的领头羊，在全球市场上发挥积极作用。也有一些企业，因产品缺乏创新与竞争力，缺少合理的产业模式与生产结构，在制造业迅猛的发展中被淘汰。这是时代与社会发展的必然结果，也是改革开放的重要成果。

一路走来，姥姥的“飞人”牌缝纫机静立在房间一角，见证了屋外的太多变迁，却依然一尘不染，崭新如初。如今，虽然我们不再穿从这台机器上“下线”的作品，但是我会一直记得，知道姥姥的一针一线都是我的吉光片羽。而且，正是凝聚在这一针一线里的艰苦奋斗、吃苦耐劳的精神，才让我们有了今天的美好生活。

豫北古城70年换新颜

康　喆

（山东大学机电与信息工程学院2018级机械专业）

巍巍太行山侧，悠悠洹水之滨，有一座3000年历史的古城，它是我的故乡。上个世纪初“一片甲骨惊天下”，它走进世人的视野。

1949年5月6日，中国人民解放军解放安阳，这座千年古城迎来了发展的春天。70年来，安阳始终与祖国共命运，与时代同发展，攻坚排难、砥砺奋进，经济社会发生了翻天覆地的变化，逐步从落后走向进步，从贫穷走向富裕，从封闭走向开放，从苍凉走向美丽。

60年前，林州（原林县）10万建设大军苦战10年，将“人工天河”红旗渠镌刻在太行山悬崖峭壁之上。被周恩来总理称赞为“世界第八大奇迹”的渠，铸就了“自力更生，艰苦创业，团结协作，无私奉献”的红旗渠精神。习近平总书记说：“红旗渠精神是我们党的性质和宗旨的集中体现，历久弥新，永远不会过时。”半个多世纪以来，红旗渠精神已经融入安阳人的血脉，激励着人们艰苦奋斗，干事创业，在建设新时代区域性中心城市的道路上步履铿锵。

一直生活在安阳但埋头学习的我并没有太多的特殊感受，直到一年前离开家乡外出求学，才发现自己有多爱这里。过年回家时，我惊异于安阳的变化——城即是景，景即是城。路旁郁郁葱葱，街边公园随处可见，分流环岛别具一格，俨然一座新式绿城。网红仓巷街毗邻闹市，静卧一隅，西侧青砖砌墙，青瓦绿顶，民国时期建筑，或四合院，或几进门庭，古朴典雅，从中可嗅出浓浓的“老安阳味”，小街生机勃勃，游人纷至沓来。城在林中，路在绿中，人在景中。每逢周末，大家纷纷走进公园游园，清风拂面，河水潺潺，市民岸边散步锻炼，感受着自然之美，一幅生态宜居城市的美丽画卷徐徐展开。

城市美了，乡村也不能被忽视。滑县有新建的近2000亩的西湖，汤阴有710公顷的国家湿地公园，栖息的鸟类总数从过去的2600只增长到现在的1万余只。还有林州中华古板栗公园、滑县森林公园、内黄千年古枣园等等。人们来到这里，既可以品尝到绿色无污染的有机食品，又可以呼吸到"天然氧吧"的新鲜空气。特别值得一提的是林州黄华镇的庙荒村和止方村，三年前，都是走泥路、吃水窖，在山间散落的一小片一小片耕地靠天收获。党的精准脱贫政策，让这两个村变成了"渠畔山居人家"，红旗渠从村中安静穿过，三个人都难合抱的千年皂角树古老神秘，特色民宿、乡村慢生活体验区也成为它们的新名片。

今天的安阳是中国八大古都之一，是国家历史名城，是中国优秀旅游城市，是甲骨文故乡，是国家书法名城。每一张名片都是安阳蜕变的体现，展现着勃勃生机。古朴厚重的殷墟和金碧辉煌的中国文字博物馆诉说着中华文字的历史渊源，绵延千里的红旗渠和气宇轩昂的岳飞庙昭示着华夏儿女的家国情怀，曹操墓与羑里城展现着魏武大帝的英姿和对先贤宇宙的思考。安阳见证了3300年历史文化的绵延，使得历史之"韵"与时代之"曲"竞相绽放。

我的“村村通”记忆

刘润泽
（山东大学数学与统计学院2019级数据科学与人工智能实验班）

虽然祖籍是在农村，但一般也不过是爸爸回去，我和妈妈很少回去。尤其是高中忙碌而紧张，整个高中三年我从未回去过一次。“村村通”对我来说，只不过是停留在高中作文素材和新闻里的文字，没有什么真切实际的记忆。

2020年，受疫情影响，我有了一个格外漫长的假期，也终于有了一次随爸爸一同回老家的机会。记得上次回去还是中考结束，到现在记忆已经有些模糊了。只记得当时“村子”还是“村子”的模样，村内是土路，村外虽然修了水泥路，但并没有公共交通，要么自己开车进出，要么就要打车，说是“打车”，但并不是出租车，而是三轮的摩托车，也就是俗称的“黑摩的”。

这次回去，路过的村子里都不再是土路，而是换成了水泥硬化路面。最大的不同，是之前常见的“黑摩的”基本都看不见了，取而代之的是新开通的公交车，把各个村子和县城还有外面的世界联系起来了。我一下子深刻感受到了“村村通”不再是一个冷冰冰的词语、一个纸面上的政策，而是有温度的人文关怀。

老式的砖瓦结构的农村小院只剩下了两座，其他的都换成了混凝土结构的小楼。村里大多数房屋面貌焕然一新，便捷的交通运输是最大的助力。除此之外，每个村子或每几个村子中间就有一个快递驿站，方便收发快递。如今说是村子，倒不如说就像“小县城”，“村村通”和互联网让我记忆中的那个村子成为一个更新、更现代的社会主义新农村。

还记得很多年前，农村的条件没有现在这么好，当时农村里的标语写的还是“要致富，先修路”。可随着时间一天天过去，现在时间来到 2020 年，农村条件越来越好，村村的道路也都成了水泥路、柏油路，4G 信号基本全面覆盖，即使是西南边陲山区也实现了自来水和电力的稳定供应。县城也一并随着“村村通”迎来了发展。如今农村的建设成果，我们改革开放以来几十年建设的成就，更加美好、幸福、富裕的生活已经在不远的未来向我们招手了。

百年航母梦

魏东来

（山东大学机电与信息工程学院 2017 级计算机科学与技术专业）

2018 年 12 月，官媒首次确认了中国第三艘航母，即第二艘国产航母的研制进度：这艘最新的国家 003 型航母正在船台上有序建造，据估计在 2021 年前可完成下水，加入中国海军为祖国保驾护航。

回顾历史，我们的航母梦已经走了近百年的时间。

中国人意识到载机船舰对于海军力量的价值并不比西方晚太多，早在 20 世纪 20 年代，中国就有了最初的航母形态——第一代海军航空兵与水上飞机母舰，其隶属于张作霖的东北海军。在全民族抗战之初，当时的海军上将陈绍宽在江阴指挥了整个抗战期间唯一的一次海战——江阴海战，前后历时 108 天，但是日军出动了航空母舰，几乎将中国海军主力舰艇全部炸毁。这也是自中日甲午战争以来中国海军最惨重的一次损失。在当时被动的局面下，江阴海战的战败就像一柄无情的铁锤，深深击中了国人的胸膛，同时也震醒了人们，让人们明白了一支强大的海军对于国防的重要性。

新中国成立之后，毛泽东注意到国家海防海军实力对国家安全保障的极大重要性。1958 年 6 月，毛泽东在中共中央军委扩大会议上说，必须大搞造船业，大量造船，建设“海上铁路”，以便在今后若干年内建立强大的海上战斗力量。第一步，以导弹为主，潜艇为重点，同时发展中小型水面舰艇；第二步，建造我国自己的航空母舰。发展远洋海军的船舶工业八年建设计划被提出。只是在当时艰难的条件下，这个计划缺少现实基础，并且当时的有关技术也不成熟，“航母梦”暂时还无法实现。

直到20世纪80年代中期，中国购买了澳大利亚的“墨尔本”号航母，之后在广州将其拆解，这是中国海军科研人员第一次了解航母的结构，为我国日后自主研制研发航空母舰打下了第一步坚实的基础。此后，中国分别于1998年和2000年购买俄罗斯退役的“明斯克”号和“基辅”号航母母舰，进一步加深了对航母构造的了解。随后于2002年从乌克兰购买的“瓦良格”号几经周折最终来到大连港，并由中国军工部门开始进行自主研究和改装。2011年8月10日，“瓦良格”号首次进行航海试验，其后又陆续进行了多次海试，之后正式交付给海军；2012年9月，中国政府公布改造后的航空母舰被命名为“辽宁”号；2012年9月25日，“辽宁”舰正式入列，成为我国海军力量的一大支柱。在“辽宁号”研发成功的基础上，我国首艘国产航母001A型航空母舰于2017年4月26日举行下水仪式，又于2018年5月13日赴相关海域执行首次海上试验任务并圆满完成。现在，中国又正在以全新的速度研发第三艘航母。

随着祖国日益繁荣富强，我国几代人心心念念的航母梦终于成真。航空母舰不仅仅是祖国海洋的守卫者，也是国家崛起、民族崛起的象征。我们身处这个繁荣富强的时代，应该为此感到骄傲与自豪，同时更应该努力奋斗，挥洒青春，为中华民族的伟大复兴作出自己的贡献！

星途漫漫，火星逐梦

刘欣茹

（山东大学商学院2019级金融学专业）

楚人尚火，先祖祝融，帝高阳之苗裔，浪漫主义爱国诗人屈原曾写下楚辞《天问》："遂古之初，谁传道之？上下未形，何由考之？明明暗暗，惟时何为？日月安属，列星安陈？"诗人屈原从天地离分、阴阳变化、日月星辰等自然现象，一直问到神话传说乃至圣贤凶顽和治乱兴衰等历史故事，内容奇绝，被郭沫若誉为"千古万古至奇之作"。

如今中国航天行星探测的"天问"系列，不正是在回答屈原两千年前的旷世之问："九天之际，安放安属？隅隈多有，谁知其数？"——浩渺的九重青天，究竟何在，谁曾去把它们环绕量度？中华民族千百年来对真理追求的坚韧与执着，不仅仅是对自然和宇宙空间探索的文化传承，我们更加信仰探求科学真理征途漫漫，追求科技创新永无止境。

2021年5月15日，在经历了296天的太空之旅后，"天问"一号火星探测器所携带的"祝融"号火星车及其着陆组合体，成功降落在火星北半球乌托邦平原南部，实现了中国航天史无前例的突破："天问一号"，成为中国首颗人造火星卫星。从此，中国成为继苏联、美国后第三个真正"踏上"火星的国家，也是首次火星探测便实现了成功着陆的国家。"祝融号"也成为中国首个火星车！

在中国神话体系中，祝融是为华夏民族传下火种的创世祖神之一，教会古人如何用火。中国文学星河灿灿，"祝融"这一充满文化色彩的称号，在全网投票中脱颖而出，满载着人们对于它征服宇宙星辰的期盼。"天问"，问天；"祝融”,探火。中国航天用极致浪漫的组合将古老的神话变成现实。“揽星九天”是更遥远的征途和更灿烂的星辰大海,“天问”也将继“嫦娥”之后,被永远铭刻在中国航天史册上。

火星,中国的近邻,太阳系中与地球最相似的行星,也是一颗承载着人类最多想象的星球。宇宙是一个联系的整体,通过洞察这颗星球的奥秘,我们也能够探一探地球的过去和将来,迈向更远的宇宙星辰。但火星探测风险高、难度大,长途星际飞行存在不确定性。尤其是着陆火星面临巨大的风险考验,在仅有五成左右成功率的人类火星探测任务中,着陆是失败率最高的阶段。稀薄而不稳定的火星大气,复杂的火星表面地形,极其严重的火星尘暴,再加上10多分钟的通信延迟,“天问一号”经历了此次探火旅程中最为凶险的“黑色9分钟”。在火星的探测技术方面,人类孜孜以求探索了60年,先后有过四大方案:“惊鸿一瞥”的飞掠,“登高望远”的环绕,“明察秋毫”的着陆,“自主移动”的巡视。总体上,近年来人类探测火星的任务中,“天问一号”可以说是“复杂之最”。一次性实现“绕”“落”“巡”三大任务,这不仅是中国航天工程任务难度的新突破,更是我国在行星科学深空领域史无前例的突破。人类认识宇宙、认识生命的边界正不断扩展。

踏上遥远的红色星球,是中国航天的无所畏惧的探索。中国航天器首登火星就毫发未损过关,令人惊叹。在“天问一号”自主完成着陆火星的背后,是地外行星软着陆等一系列关键技术的保驾护航;惊心动魄的“黑色9分钟”,凝结着航天人昼夜不息的执着攻关、卓越创新。问天,一直是古代文学作品中一个重要且有趣的主题。有人问得理性:“可怜今夕月,向何处,去悠悠?是别有人间,那边才见,光影东头?是天外。空汗漫,但长风浩浩送中秋?飞镜无根谁系?姮娥不嫁谁留?”有人问得充满哲思:“客亦知夫水与月乎?逝者如斯,而未尝往也;盈虚者如彼,而卒莫消长也。盖将自其变者而观之,则天地曾不能以一瞬;自其不变者而观之,则物与我皆无尽也,而又何羡乎?”有人问得深情:“明月几时有?把酒问青天。不知天上宫阙,今夕是何年……人有悲欢离合,月有阴晴圆缺,此事古难全。但愿人长久,千里共婵娟。”千年后的中国航天人用实际行动给出了答案:“天问”,问天!第一站就是火星,未来还有更多的下一站等待我们去征服探索。

改变世界的中国人

张天浩
（山东大学数学与统计学院 2019 级统计学专业）

在外国神话里，能点燃神圣火炬的，不会是几个蓬头垢面的人。他们无法理解的事情会有很多：比如有人能够放着家不回而企图阻挡洪水；比如有人不计太阳掉在地上是什么后果，为了挽救众生而去射太阳。外国人知道自己不是有能力造物的人，所以才创造了能凌驾万物的神。而在中国人的想象里，很少有拯救世界的神仙。中国人不知道拯救世界还可以不靠自己！所以中国人从诞生就注定艰苦卓绝。

所以中国人总是虚左以待更能者，从师于更贤人。这让人更加纯粹，知识更加纯粹，生命更加纯粹，“生也有涯，而知也无涯”，这是中国人对知识的渴求。所以中国人不忧不惧。“泰山崩于前而面不改色。”“受任于败军之际，奉命于危难之间。”

就这样，不一样的中国人改变着这个世界。

中国人从古至今都没有停止对月亮的遐想和探索。“不知天上宫阙，今夕是何年？”2020 年 11 月 24 日凌晨，我国现有最大推力运载火箭“长征五号”在中国文昌航天发射场点火升空，在破晓中划出一道弧线，经过 2200 多秒的飞行，成功将“嫦娥五号”探测器送入地月转移轨道。这是我国目前运载能力最强的运载火箭，未来肯定会在多项重大的航空工程中承担不可或缺的角色。

中国人不明浩瀚深沉之海洋的秘密，所以一直向深海更深处遨游。“长风破浪会有时，直挂云帆济沧海。”2020 年 11 月 28 日，“奋斗者”号全海深载人潜水器成功完成万米海试并胜利返航。习近平总书记在贺信中指出：“奋斗者”

号研制及海试的成功，标志着我国具有了进入世界海洋最深处开展科学探索和研究的能力，体现了我国在海洋高技术领域的综合实力。从“蛟龙”号、“深海勇士”号到今天的“奋斗者”号，你们以严谨的态度和自立自强的勇气，践行“严谨求实、团结协作、拼搏奉献、勇攀高峰”的中国载人深潜精神，为科技创新树立了典范。

有人说，中国人没有信仰，因为中国人不知道救世主为何物。其实每个中国人心中都住着一位神仙，会在关键的时刻散发出不可阻挡的神力。如果硬要说出一个中华民族的精神信仰，那会仁者见仁，或者说我们每个中国人并不被特定的教条所支配。但中国人就是这样，现在的中国也是这样！“不自见，故明；不自是，故彰；不自伐，故有功；不自矜，故长。”每一代中国人都坚忍不拔、艰苦卓绝地砥砺前行。今天，我们已经真的“可上九天揽月，可下五洋捉鳖”！

我为祖国升国旗

肖丽珍

（山东大学机电与信息工程学院 2018 级机械专业）

“制作一面五星红旗吧，等解放的时候，高举着这面红旗冲出牢房！”这句话出自《红岩》中的经典片段——狱中绣红旗。江姐含热泪绣红旗的画面相信已成为很多人心中的经典。这个故事，来自原著小说作者罗广斌的一段亲身经历。在 1949 年 10 月 7 日，虽然新中国已宣布成立，但仍有一些地方尚未解放，包括重庆白公馆监狱，被关押在里面的罗广斌和一些革命志士们，得知了新中国成立的消息，他们怀着美好的畅想，在狱中秘密制作了一面“五星红旗”。这面五星红旗虽然不标准，却成了无数革命先辈信仰的最佳见证之一。

每一个中华儿女都知道，五星红旗是用无数革命先辈的鲜血染成的。1949 年 10 月 1 日，毛泽东主席在天安门上庄严宣布：“中华人民共和国中央人民政府今天成立了！”并亲手按下了电钮，新中国的第一面五星红旗在国歌中冉冉升起，那是世界上第一面五星红旗。而如今，五星红旗早已走向世界，奥运赛场上、联合国总部大楼前、南北两极勘测点上……随处可见飘扬的五星红旗，然而，每一面五星红旗都饱含了无数中国人的努力和奋斗，每一面五星红旗都是一代代中华儿女为祖国奉献的写照。

从世界之巅到浩瀚的宇宙，五星红旗为我们记下了一段段动情的、令人肃然起敬的故事。

为将国旗插上珠峰之巅，第一代“攀登者”以血肉之躯搭建“中国梯”。挑战珠峰或许是所有登山者的最终梦想，珠穆朗玛峰作为世界上最高的山峰，拥有着 8844 米的海拔和极恶劣的高原环境。“第二台阶”位于珠峰北坡约 8600

米的地方，那是一个 30 多米高的几乎垂直的峭壁。1960 年 5 月 25 日，中国登山队第一次攀登珠峰，四位突击队员王富洲、屈银华、刘连满、贡布到达“第二台阶”之后，凭借着惊人的勇气、智慧和毅力，以搭人梯的方式创造了奇迹。“中国梯”的雏形无疑是悲壮的。因为登山者的登山靴下绑着尖利冰爪，要搭建人梯，得脱下靴子，他们没有犹豫，为了可以更稳地站在冰锥上，后来索性连毛袜都脱了。短短的一段里程，他们用了一个多小时。成功登顶后，大家把五星红旗高高举起，热血沸腾。1975 年，中国登山队在珠峰“第二台阶”的地方架设了一个金属的梯子。到 2008 年，一共有 1300 多个中外登山者通过这个梯子圆了自己的“珠峰梦”，它被许多国外的登山家称为“中国梯”。

月球背面到底是什么样？在 2019 年 1 月 11 日前，全世界都不知道，直到我国“嫦娥四号”探测器成功着陆月球背面，“嫦娥”和“玉兔”在月球背面完成互拍，才为我们揭示了神秘的月球。它俩胸前的五星红旗，也是迄今唯一在月球背面闪耀的国旗。身处月球的“嫦娥”和“玉兔”，完全暴露在强紫外线和严酷环境之中，为了让它们身上的国旗不褪色，“嫦娥”人经过上百次的试验，终于找到了适合的材料和工艺，还进行了上百次的调色和比对，完美展示了“中国红”和“中国黄”。而这只是整个庞大研制工作的一个缩影。别看“嫦娥”和“玉兔”个头不大，但它们身上有 300 多套设备，几万个元器件，每个产品都必须做到万无一失。即便难度巨大，“嫦娥”人还是一往无前，最终取得成功。

每一面五星红旗背后都有感动，我们每一个中国人都应该勇于担当，成为五星红旗的十四亿护旗手之一，为我们国家的繁荣富强贡献出自己最大的力量！

中华民族的爱国基因

张先赛

（山东大学商学院 2019 级金融学专业）

什么是爱国？我相信不同的时代，不同的群体都有着自己不同的解读。或许“爱国”这种情感由于种种原因时常被我们挂在嘴边，但却是我们每一天都萦绕在心头的，这种纯粹的发自内心的情感就像是懵懂却又矢志不渝的爱情，诚挚美好，无时无刻不牵绊着自己，但面对别人表现出的却又是羞涩腼腆。所以内心的那股热血澎湃的爱国之情、赤子之心有时不是那么明显，大多数情况下更是不动声色的，但有一点毋庸置疑：这种情感自懂事之日起便一直和自己的灵魂如影随形。

我始终坚定不移地相信在我们这个有着五千年文明的国家，“爱国”始终是每个时代的最强音。经历了那么长时间的文化积淀，这种感情已经幻化成中华民族的一种精神符号，流淌进中华民族的血液中，刻录到中华民族的基因库里，随着时间的推移一代代地流传，万古不朽！

古人的情感是朴素的却也是最为丰富的，他们思考人生，探索人生的终极意义和总结世间百态的经验规律，不仅如此，他们对国家的情感也是更为炽热执着的。所以在中华民族的发展史上，源远流长的爱国传统衍生出了各种各样不同的表现形式，每个爱国者都在用自己的方式践行着爱国的铮铮誓言和社会理想。他们中有将民族气节置于生命之上的屈原，愿意以“身之察察”的高洁之躯献给祖国的壮丽河山；有捍卫祖国尊严、保持疆土完整的民族英雄戚继光，在东南沿海抗击倭寇十余年，扫平了多年祸乱沿海的倭患，以满腔热血献给祖国边疆一片安宁；有忧国忧民者如诗圣杜甫，以笔为剑，执剑天涯，道尽社会中的诸多不公之事，留下“安得广厦千万间，大庇天下寒士俱欢颜”的社会愿景；亦有出使西域被迫滞留边疆几十载仍心怀家国的苏武，用在极其荒凉和艰苦条件下的坚守和忍耐诠释了对祖国的殷殷眷恋之情。当然这些人中也不乏甘愿冒着被贬谪、被下狱的危险而为民请命的明朝大清官海瑞，他为减轻农民负担采取了丈实田亩的做法，却因此得罪了权贵而惨遭入狱，直到72岁才被重新起用；也有“先天之忧而忧，后天下之乐而乐”的北宋名臣范仲淹，始终秉持着“居庙堂之高则忧其民，处江湖之远则忧其君”的古仁人情怀。他们的胸襟在表达自身的爱国之志中变得更加开阔辽远，他们的精神意志更是在爱国情操的陶冶中焕发出更加蓬勃强大的生命力。他们中有文人墨客也有爱国将领，有政坛领袖亦有行业大咖，尽管他们表达爱国之情的方式不尽相同，却都是在用自身的言行真真切切地书写着爱国之意。

回溯古人的爱国事迹，我深受感动。原来爱国不需要那么刻意，更无需常常挂在嘴边整天高谈阔论，相反如果整天自吹自擂自己是多么爱国反倒有沽名钓誉之嫌。所以在我看来，什么是爱国？“爱国”就是在自己的国家无端受到指责或是不公正待遇时的挺身而出、勇于发声；是在国家和人民有需要时的召之即来；更是在国家发展的过程中默默无闻地奉献和精益求精的精神品质。

“家国天下”不应该仅仅是句口号，我们更要把它内化于心，外化于行。近百年间我们的国家经历了太多太多的磨难困苦。历史沧桑，风云激荡，时代在改变，环境也在改变，我们国家的面貌也已经发生了翻天覆地的变化，人民的思想观念也发生了巨大的改变。但不论何时我们的爱国情不能变，我们的爱国心不可变，因为那是支撑着我们国家、支撑着中华民族与时俱进、勇往直前的灯塔和精神动力！

人民，唯有人民

付小庆
（山东大学商学院 2017 级市场营销专业）

从未像今天这般对毛主席这句话有如此之深的认同。一直以来，我只是从历史书上得知中国共产党凭借密切联系人民群众的独特政治优势赢得了胜利，我没有办法切实地体会那时人民的力量究竟如何强大、如何能成为党坚实的后盾。但今天，中美贸易战让我们真正看到了人民的强大力量。

中美贸易战以来，我们看到美国特朗普政府蛮横无理的霸权主义行径，但更为重要的是我们也看到了我们国家昂首挺胸的自信面貌，新闻联播里霸气的宣告，外交部越来越硬气的声明以及面对美国发难时我们及时作出的反击。这些令当下中国人为之自豪、振奋的作为，背后隐藏的是人民的力量。

国家是由这片土地上的人民组建而成的，国家力量其实就是人民的力量。在这次贸易战中，华为因为成为美国“对战”中国的筹码而一次又一次被推上舆论的风口浪尖，特朗普亲口承认想以华为来使中国让步。指使加拿大政府非法逮捕孟晚舟、把华为列入黑名单、断供芯片、强令美国企业不再和华为合作甚至是撺掇其他国家一起打击华为……可是结果又是如何呢？利用一切卑劣的政治手段来打压一家民营企业，为的就是阻碍别国发展，以此来保持自己的优势，这样的吃相实在难看。华为作出的漂亮应对让我们既惊喜又敬佩。表面上这是华为企业在和美国政府博弈，其实华为的背后是全体中国人民的力量支持，首先就是以任正非为首的华为员工的日夜奋战。美国的恶意打压不仅没有使他们退缩，反而让他们充满干劲来和美国打这场持久战。最重要的还是我们的人民给予了华为巨大支持。2019 年第一季度，华为手机销量同比增长 44.5%,市场份额跃居世界第二,达 15.7%,反超苹果 11.9%近 4 个百分点,中国国内华为销量暴涨 130%。华为不是在独自战斗,今天的中国人民所能够做的、能够发挥的力量比以往任何时候都要多、都要大。美国 IEEE 下令禁止华为专家参与学术编辑和审稿,北大教授张海霞第一时间发表声明申请退出 IEEE 编委会,她说:“IEEE 的决定损伤了所有科学家、学术人的基本底线。”是的,IEEE 这次惹恼的是整个中国的科学家和学者,中国计算机学会 CCF 也即刻发表声明中止和 IEEE 的合作。美国的恶意打压不仅没有压制住中国,反而让中国人民更加团结,所有人都集中力量来和国家一起面对这次风波。

一边是我们内部人民的空前团结,另一边是美国国内人民对特朗普政府的一片讨伐声。这其中讨伐声最大的当属美国农民。中美贸易战以来,美国遭受打击最大的就是农业:大豆爆仓,高粱船返航,4513 吨猪肉被取消订单,龙虾出口量下跌 84%……2018 年,美国渔场农场申请破产数达 498 个,创下了金融危机以来最高纪录。美国特朗普政府宣称会为美国农民提供补贴帮助他们平稳渡过这次危机,但是事实上,这笔补贴迟迟没有到账。这种补贴不是长久之计,农民需要的是稳定长久的收入来源,可就目前中美的紧张局势来看,这些过去的事实已变成奢望。为此,美国农民怨声载道,很多农民公开表示下次总统大选他们不会再选特朗普。除了农民,坚决反对特朗普政府打贸易战的还有以耐克、阿迪达斯为首的诸多美国的大企业,他们第一时间共同致信特朗普反对提高关税。在特朗普访日期间,美国国内华盛顿州、田纳西州等多州州长纷纷表态——支持对华贸易,这其中有些州还是特朗普竞选时的铁杆拥护者。由此可见特朗普发动贸易战的不得人心。特朗普口口声声说会让中国为增加关税而带来的物价上涨买单,但事实上买单的还是美国人民自己;由于贸易战,美国人民平均每年要多花 875 美元,试问:这样的代价美国人民会接受吗?

得道多助,失道寡助。中国政府得道于人民而多助,美国政府失道于人民而寡助。今天,我们对美国说:勿谓言之不预。我们中国人民始终有能力维护自身发展权益,没有任何力量能够阻挡中国人民实现梦想的步伐!

从大国责任看中美发展

李佳璇

（山东大学商学院 2019 级会计学专业）

第二次世界大战之后，美国在世界政局中成为霸主。综合考虑经济力量、军事实力、文化成就，没有任何一个国家的国际影响力可以与美国相提并论。近百年来，美国也凭借其雄厚的实力呼风唤雨，称霸全球。随着时代发展，当位于世界东方的中国越来越多地活跃于世界舞台之上，展示中国方案、分享中国智慧时，世人逐渐发现，中美两国的国际角色似乎逐渐发生了颠倒，谈及“大国风范”“大国责任”，似乎中国更能与这两个词语相配。

2021 年 5 月，以色列和哈马斯大打出手，直接导致巴勒斯坦 180 多人死亡，其中县全包括了 50 多个儿童。毫无疑问，这是令人心痛的人间惨剧，任何一个有良知有同情心的人都会为这样的悲剧的发生而痛心、愤怒。作为轮值主席国的中国，于 5 月 16 日主持安理会立即召开紧急会议。我国外长王毅呼吁道：“巴以局势每次陷入动荡，都是对国际法治的警示，对多边合作的检验，对人类良心的拷问。联合国和安理会能否有所作为，世界人民在看，历史也在记录。”一向高举“自由、民主、人权”大旗的美国是什么态度呢？他们谴责伤及平民的残忍行为了吗？他们为无辜儿童的人权奔走努力了吗？他们动用自己的超级大国的影响力平息争端了吗？没有——美国总统拜登说：“当数千枚火箭弹飞入领土时，以色列有权捍卫自己。”

似乎这几十年来，“双标”已经成了美国的一个显著标签。一边高歌“人权”，一边放任国内疫情肆虐，致使大量普通百姓死亡；一边为一己私利发动战争，让他国生灵涂炭，一边污蔑中国干涉他国内政；一边号召环境保护，一边退出《巴黎协定》……拥有世界上最强实力的美国没有考虑到自己应当承担的大国责任、应当拥有的大国尊严,一次又一次地不顾吃相,贪婪地将触手伸向其他国家、其他人民。

反观中国,我们提出了“一带一路”倡议,旨在顺应经济全球化、加强世界合作,促进世界各个国家的共同进步和发展;疫情席卷全球,刚刚缓过一口气的中国立刻开始对外援助和捐赠,将自己从血与泪中总结的经验无偿分享给世界诸国……20世纪,当中国的实力尚不强大时就已经开始尽己所能扶助落后国家,如今,综合国力上了一个大台阶的中国更是越来越多地在国际舞台上展现大国风范、承担大国责任。中国所追求的发展,从来不是争雄称霸,而是与世界各国一起共建人类命运共同体,促进全体人类的幸福美好生活。我们求同存异,彼此尊重,在交往与合作之中各取所需、取长补短。我们一再表明“世界好,中国才能好;中国好,世界才更好”的立场,我们一直欢迎其他国家搭中国发展的“快车”“便车”。在我看来,这才是一个大国真正应当展现出来的气度与胸襟,一个大国真正应当承担的责任与义务。从这一个角度看,美国的视野愈发短浅,美国的格局愈发狭隘了。从这一个角度看,美国越来越有愧于世界超级大国的身份。

从网上看到这样一段评论:“一个国家强大崛起之时,往往各方面生机勃勃,政策也自信开明;但当一个国家越来越不自信时,很多问题无力解决,那没办法,自然各种甩锅抹黑,那距离衰落反而更不远了。”现今的美国正在背离其往日辉煌的道路,我们国家正在弯道超车。但这绝不意味着我们就此可以骄傲自满,懈怠不前。作为世界唯一超级大国的美国,就目前而言,它的实力仍然是我们难以望其项背的。到目前为止,它仍然有许多地方值得我们借鉴。我们认识到了美国的虚伪,发现了它的缺陷,就要以此为鉴,戒骄戒躁,不断努力,不断超越,以期实现更好的明天,实现中华民族的伟大复兴。这就需要作为大学生的我们沉心静气,内外兼修,为祖国之发展奉献青春!

清澈的爱，只为中国

周容丞

（山东大学翻译学院 2020 级英日双语专业）

“天地英雄气，千秋尚凛然。”中华民族是英雄辈出的民族，新时代是成就英雄的时代。当代青年学子应思载千里、视通万里，追逐崇尚英雄、学习英雄、关爱英雄的时代洪流，在中国大踏步走在社会主义现代化道路、迎接中华民族的伟大复兴时，我们永远不能忘记先烈、忘记过去。

2021 年 2 月 8 日，在俄罗斯圣彼得堡，几名小孩子在公园玩耍之时用雪球将英雄纪念碑前的“永恒之火”扑灭。“永恒之火”是苏联时期为纪念烈士而燃起的火焰，由国家拨款接通天然气管道、运输燃气，让纪念殉国英雄的烈焰长久不灭。这背后，是俄罗斯爱国教育的缺失，是英雄主义的蒙尘。

这些贪玩的孩子可能不会知道，在 70 多年前，就在他足下这片土地，或许也有一位与他年纪差不多的孩子，为了生存被迫匍匐在泥地里，弓身缩在被德军轰炸过的断墙边，听着苏军断断续续的宣传广播，看了看脚上用布包裹着却被冻坏了的脚趾头，幻想着等战争远去能重新回到村里那温暖的石头房子。

历史永远不能磨灭。在血与火的革命年代，在激情燃烧的建设时期，党领导全国人民艰苦奋斗、克难奋进，从根本上改变了中华民族的前途和命运；多少中国青年前仆后继，浴血奋战，置自身安危于不顾！

无论走得再远，走到再光辉的未来，我们也不能忘记过去，不能忘记为什么出发；面向未来，面对挑战，一定要不忘初心、继续前进。

2020 年 6 月，印军公然违反双方共识，悍然越过边境线，我边防战士与印军进行了激烈的战斗，四名官兵英勇牺牲。这几名军人中，营长陈红军还有 4

个月就要成为一名父亲了，战士陈祥榕更是年仅19岁。“清澈的爱，只为中国”，18岁的新兵陈祥榕写下这句话时，曾被笑话“年纪不大，口气不小”，但他最终用生命践行了这句话。短短8个字，字句铿锵，彰显英雄本心！陈祥榕的母亲说：“我没有要求，只想知道榕儿战斗的时候勇不勇敢。”年轻生命的逝去，固然令人惋惜；但为家国大爱而牺牲，足以升华烈士的灵魂。

如此壮举，叫我们怎能忘怀！“浩气还太虚，丹心照千古。生前未了事，留与后人补。”今天，我们回顾历史，不是为了从成功中寻求慰藉，不仅仅是为了缅怀过去的英烈，更是为了总结历史经验、把握历史规律，增强开拓前进的勇气和力量。

习近平总书记曾说：“青年是标志时代的最灵敏的晴雨表，时代的责任赋予青年，时代的荣光属于青年。”今天，我们提倡英雄主义，就是要传承红色基因，弘扬英雄精神，不断塑造新的英雄丰碑。但凡英雄，不仅以英雄壮举在黑暗岁月点燃希望之火、在迷途时刻勇当开路先锋、在危急关头成为中流砥柱，更以英雄精神引领大众、激扬人心、鼓舞士气、凝聚力量。在抗击新冠肺炎疫情和抗洪抢险斗争中，青年官兵与疫情、洪魔短兵相接，以赤胆忠心和默默奉献谱写了新时代革命军人的青春之歌，充分展现了新时代青年官兵的英雄壮举。

我们难以否认，当今社会还有侮辱烈士名号来哗众取宠的跳梁小丑存在，还有缺乏独立思考能力、被所谓的“微博大V”牵着走的人存在。鲁迅说：“战士战死了的时候，苍蝇们所首先发见的是他的缺点和伤痕，嘬着，营营地叫着，以为得意，以为比死了的战士更英雄。但是战士已经战死了，不再来挥去他们。”我们需要做的，是坚守己心，在坚决抵制“营营”乱叫的苍蝇和腐朽文化的同时，接好英雄精神传承的火炬，保留英雄精神内核的火种。

岁月骛过，山陵浸远。我们应思载千里，视通万里，涵养厚德载物的气度，肩负起这一代人的责任，“慨然有神州陆沉之志，发而为中流击楫之歌”，谱写出属于我们的英雄故事！

萧瑟秋风今又是，换了人间

胡月楠

（山东大学商学院 2019 级金融学专业）

距中华民族最难忘的 1901 年已然是两个甲子了，同是辛丑年，世界已不再是那个世界，中国也已成为新的中国。丧权辱国的《辛丑条约》带给中国人的不只是满目疮痍，它也给了我们艰苦奋斗的决心，久经磨难的中华民族已不再是曾经懦弱无能的模样。如今，我们不仅拥有维护自身主权和发展利益的坚定决心，也具备强大的底气与实力。一百二十年，弹指一挥间，沧海桑田中，已换了人间。

"尊严只在剑锋之上，真理只在大炮射程之内。"无数辛酸史告诉我们"弱国无外交"，只有军事、科技、经济和综合国力均在世界前列，中美高层战略对话时中方面对美国的无理取闹和咄咄逼人才能有底气地道出："美国没有资格居高临下同中国说话，中国人不吃这一套。"如今，在中华民族已能平等地与世界对话时，中方气宇轩昂地本着求同存异、寻求合作的愿望，从战略层面切入，从全球、区域再到国内形势娓娓道来，削简就繁，管控分歧，向世界展示了崭新的中国面貌。无数中华儿女注视荧幕上这历史性的时刻，想必晶莹泪水早已充斥眼眶，心中激动之情澎湃汹涌，久久不能平息。

举行中美高层战略对话由美方提议，这表明在经历了近几年中美关系的低谷之后，美国新政府有意将双方关系推回正轨。但如今的美国要与中国打交道，就要在相互尊重的基础上进行。美国虽然是当今世界实力最强的国家，但美国的价值不等于国际价值，美国话语不等于国际舆论，美国制定的规则不等于国际规则，这是不争的事实。阿拉斯加的安克雷奇，是中美两国首都航线中间位置，它能否成为中美交往的“加油站”和中美两国相向而行的“交汇点”，关键在于美国是否有相互尊重、平等以待的胸襟和气度。

会议中我方的强硬态度不由得让我们骄傲倍增，再想起两甲子前的割地赔款，又怎能不叹一声：“为有牺牲多壮志，敢教日月换新天！”

“常怀远景披金去，牢记初心载誉归。不负年华迎日月，风情耀眼闪光辉。”昭昭前事，警惕后人。今世之国，屹立潮头。振兴中华，吾辈自强！

大国崛起，且听龙吟

刘芊睿

（山东大学东北亚学院2020级国际政治+国际经济与贸易双学位班）

2020年12月，有澳大利亚记者提问，澳大利亚总理称中国外交部发言人个人推特所发澳军推文配图不实，中方对此有何评论？中国外交部新闻司司长华春莹回应质疑后，记者却穷追不舍，试图以中国批评澳军行为为由，指责中国有干涉他国内政倾向。

澳方本来理亏，却试图将话题转移到“中国干涉他国内政”上来，而自己却肆无忌惮地抹黑中国，比如此前几天在澳大利亚儿童电视台上播放的丑化、污蔑中国历史的“武则天吃蟑螂”片段，其居心何在？其实不仅是澳大利亚，其他一些国家对待中国也颇有一种“我可以，但你不可以”的居高临下的极致双标姿态。然而，凭什么？

近些年来，中国的飞速发展为世界瞩目。一些老牌资本主义国家为了阻碍中国的发展，维护他们摇摇欲坠的高傲和易碎的自尊心，不得不采取这样一种近似于卑劣小人的举动：一面在自己抹黑中国时自我放纵，抛弃他们所一直鼓吹的“平等、公正”；一面又在看待中国举措时戴上有色眼镜，重新拾起不知多少次被他们自己踩在脚下践踏的所谓“人权”，当作他们污蔑、甩锅的绝佳利器。

“这种‘我可以，你不可以’的心态，其实说到底就是反映了个别人或者说一些人一种莫名其妙的不可理喻的傲慢和虚伪。”华春莹如是说。当中国拥有5G时，美国却声称“允许中国5G技术化，就是选择专制而不是民主”。而中方指责澳大利亚一些军人的不人道行为，他们却又以“干涉他国内政”为由，企图让中方缄默。难道他们认为这些惨绝人寰的罪行也是他们内政的一部分吗?

西方这种“我可以,你不可以”的想法应该转变了。西方一些人的真实目的,其实也就是要剥夺中国说出事实真相的权利,他们就是害怕有人大声地说出来:“看,那个皇帝身上并没有衣服!”的确,在这个时代,一些西方国家不从过去的美梦中醒来,对待中国仍然是以一种居高临下的姿态,恐怕不是明智之举。“数风流人物,还看今朝。”作为青年的我们,也应该认清国家龙腾之势,积极投身于祖国建设之中,有一分光,发一分热。

中国崛起正当时,世界且听龙吟。同时,我们也祈愿,这个世界的未来,是和谐平等对话的未来。

从教育制度看中国的优势

刘润泽

（山东大学数学与统计学院 2019 级数据科学与人工智能实验班）

重视教育是中国自古就有的传统。除了儒家的精神内核外，还有古代科举制确立的“英才制度”，使普通人可以通过教育改变自己的命运，“朝为田舍郎，暮登天子堂”。在漫长的历史时期中，有些文明和国家都实行世袭封建制，而中国则提供了一个上升的通道，为个人提供了社会流动性，个人能够在制度里面找到自己的价值和发展的可能，可以通过考试改变自己的命运，这就是科举制度。

西方社会封建制延续了太长的时间，好几重大山压在身上，除了皇帝贵族外还有宗教。人们忍无可忍，最后就激烈反抗，提出了自由主义价值观，把“个人”提高到空前地位。我们看到，西方追求的个人主义/自由主义是极端化的、激进化的、片面的。“不自由，毋宁死”，在个人主义泛滥到极致的美国，我们看到，从持有枪械到不戴口罩都是“个人权利”，他们不认为国家有权侵犯这种“个人权利”。在这种价值观下，个人自由永远是第一位。

西方界定的“人权”是狭义的，仅仅局限于政治权利和公民权利。而受教育权、医疗权等社会权利不属于人应当享有的权利。相反，中国理解的人权是广义的，政治权利、公民权利、经济权利、社会权利等处于平行地位。这些权利发生冲突时，“具体问题具体分析”，譬如自由和公平发生冲突，按照中国传统的价值观，先保障公平，再考虑自由，这是西方所无法理解的。在我看来，“自由主义”在一定意义上是西方对自己“矫枉过正”的结果，并非像有些人想象得那么美好。

中国扶贫和抗疫取得伟大成就，西方选择无视，不遗余力地用中国“破坏人权”来污蔑中国。但“人权”这个词，本身就是诞生在西方封建制压迫之下的，它本身的定义权和解释权都由西方社会把控，再加上西方社会对中国的偏见，我们不论如何解释，都注定不能让西方社会满意。正是因为这种固执的偏见，西方难以对中国和中国的制度真正深入了解。

反观中国，历史上并没有长期对人性的压制，我们能接受“大政府”的管理，也愿意学习西方所谓“自由社会”中好的一面，包括如何更好地激发个人的潜力和积极性，更好地构建个人与社会的关系。从 20 世纪 80 年代全民学英语开始，一直到今天，中国一直在积极地了解西方，积极吸收西方制度好的方面。而西方则过于傲慢，认为自己掌握了所谓的“宇宙真理”，难以去深入了解和学习中国。长此以往，哪个文明能够发展进化成为更高级的文明，答案就不言而喻了。

青春是用来奋斗的

自律即自由

黄永康

（山东大学商学院 2017 级保险学专业）

身处快节奏的社会，难免会有许多人为了功利名誉想尽千方百计，而有些人则是手足无措感到迷茫。叔本华曾言：人生就像欲望的钟摆，在痛苦与无聊之间摇晃，欲望满足了便无聊，欲望无法满足便痛苦。我们渴望自由，但现实生活和欲望似乎总把我们限制于条条框框之中，因此焦虑已经成为一些年轻人主要的问题。他们立足于当下，忧患着明天和未来，急切地期盼着成功却在原地无动于衷。若实现了高度自律，那他们便将获得自由。

焦虑是对自己前途命运等过度担心而产生的一种烦躁情绪。有许多青年初入大学感到不适。这些不适来源于对自己未来发展不确定性的未知恐惧，以及开始步入社会所受到的身心挫折等。因此，有部分人以此为由停滞不前，而心中却时常忧患。他们所谓之“自由”，大约是指在自己的舒适区中对自己的行为选择的权利，在这个舒适区内他们可以暂时不用考虑外界的变化与苛求。当他们被逼迫着跳出舒适区，就会感受到压力与焦虑。

高度自律是建立在明确目标的前提下的。自由是指人类可以进行自我支配，凭借自由意志而行动，并为自身的行为负责。罗·科林伍德说过：真正的自由属于那些自食其力并且在自己的工作中有所作为的人。高度自律的人能在高效率的条件下完成自己所必须做的事情，并能在剩余的时间内自由发挥，做一些自己想做的事。在此种情况下，人们不必被重要而又枯燥的事情压迫，精神与身体同时都实现了真正的自由。

如今很多大学生整天浑浑噩噩，殊不知宝贵的青春正在悄然流逝，一事无成而又无法享受生活的美好。沉溺在电子游戏当中对其而言是轻松快乐的，但当意识到自己对未来仍然迷茫时，他们又对之前的所作所为感到愧疚，最后无动于衷。往复循环，导致了许多大学生在身心上备受折磨。

“在今天和明天之间，有一段很长的时间；趁你还有精神的时候，学习迅速地办事。”歌德如是说。青春是可贵的，不妨尝试着通过高度的自律来寻求自由，迷茫与焦虑会自然而然地消失。

我们为什么要努力

王雪卿

（山东大学商学院 2019 级工商管理专业）

作为大一新生，在突然被“扔”到自由度特别高的大学环境中后，我想就此思考一个问题，以此警勉我和我们的未来。

这或许是一个被谈论过许多次的话题——我们为什么要努力？

努力的范围很宽泛，是学生在自习室里的埋头苦读，是满怀热血的上班族立志要创出一番未来的身影，也是烈日下擦擦汗水继续训练的运动员扬起的微笑。

少年的未来，最为不可预知，也有最无限的可能。从还是孩子的时候，我们就常听父母说“要好好努力”，于是或许带着懵懵懂懂的心态学到了现在——一路高歌猛进，眼里只有高考。甚至许多家长和老师为了激励孩子，会告诉他们“等到了大学你们就解脱了”或是“等到了大学你们就全是玩了”。

然而真的是这样吗？

大学的本质仍是学习，但我们在各种眼花缭乱的色彩之下，心灵深处的怠惰分子总是蠢蠢欲动，想着“我都已经进入了大学，难道还不能自由玩乐吗”，开始质疑一直努力的必要性。

你或许见到过父母沉默疲惫的样子，他们是你学习的原动力；你或许被父母一直念叨“要出人头地”，絮絮叨叨的话语让你被迫低头服从；又或许，你是为了获得一个好看的学历，谋求一个好的工作，将来能挣更多的钱；你认为这就是努力的所有原因了。

但是你是否明白“努力”真正的价值呢？

当你回头看向那些灰暗的日子，发现那些日子似乎都浸润了一种光彩的时候；当你静静注视着笑出温柔皱纹对你说“学习好啊”的陌生长辈时；当一个人不经意间说出“你真棒啊”的时候，你有没有过什么触动呢？

努力的意义，在于让生命更加光彩夺目。

那不是一种单纯因他人赞赏带来的光彩——现实的喧嚣和热闹值得欣赏，但转瞬即逝的事物永远比不过自习室的安静和充实。我们或许会沉迷于方块屏幕上短暂视频里五光十色的大千世界，或许会沉浸在美好的虚幻世界，但再漂亮的短视频也是经过加工的他人的生活记录，跟你毫无瓜葛；再美好的虚幻世界也是由 0 和 1 代码构成的有界区域，在短暂满足后是更多的空虚迷茫。游戏的服务器会关闭，好看的小说会完结，短视频里的世界，你不努力，连踏足的机会都没有。你不是为了一时的消遣而活着，你是为了自己的人生更加值得，是为了给自己更多的机会去提升生命的质量，感受这个世界。自习室窗口的斜阳投在书页上的画面也会很美，你在辩论台上游刃有余的样子也可以是最帅的一抹身影。我不羡慕表面的荣华富贵和浓妆艳抹，我愿意穿最平凡的衣服，磨炼最耀眼的灵魂。

努力的意义，还在于拥有为祖国作贡献的能力。这不能是空话，更不能被当作一笑而过的自大。事实上，我们有些人有时会有种错觉，认为建设国家的使命会有优秀、卓越的人来承担，我们自己的力量总是微乎其微，无须在意的。可你躺在床上玩手机的时候，远在边境的战士在守卫边疆，实验室里的学者在焦头烂额地研究一个病毒结构防止它扩散到你所在的地区，供电供水部门在紧张运转，人民英雄纪念碑上铭刻的英魂在含笑期待着我们的未来。

你是否看到伊拉克的炮火和美国街头肆虐的枪击暴力？你是否听到过其他国家的人对我们国家治安的夸赞？——“哪有什么岁月静好，只不过是有人在替你负重前行。”祖国已足够美好，足够真诚，值得你去努力，去亲手让她变得更加强大。

正如尼采所言：每一个不曾起舞的日子，都是对生命的辜负！

拒绝“佛系”

石　畅

（山东大学机电与信息工程学院2017级机械设计制造及自动化专业）

画家、诗人冬子隐居终南山，发文赞叹者有之，慕名前来者有之，冬子接受长江日报记者采访时对隐居这事儿颇为得意：“这世上有一种成功，就是以自己喜欢的方式过一生。”于是有的人自诩“佛系青年”，一切随缘，不再奋争。看到这些我想起先人“士不可以不弘毅”的谆谆教诲，想起前辈“位卑未敢忘忧国”的殷切嘱托，生逢其时而又重任在肩，这是每一个青年人的使命担当。

辛夷坞曾经说：“在旷阔的时间面前，青春脆薄得像一张纸。”正值青春的我们又怎能不抓住美好的青春时光？又怎能不积极前进，只争朝夕？就像武警战士王成龙，在违规货车驶来，勇士推开战友，付出了他年仅23岁的年轻生命；就像中国航天科技集团第五研究院两千多名“90后”员工们，把人生梦想与“北斗”导航紧密相连，献芳华为集体，舍己为人，有忧国忧民之情怀。每一个追梦的身影都将被定格为历史，每一滴奋进的汗水都将浇灌未来。青春奋进正当时，只为那一缕留不住的芳华。

习近平总书记曾说：“我们都在努力奔跑，我们都是追梦人。”奋进的人生最美好。国家是个人发展的根基，国家是我们无畏的底气。奉献担当为祖国，体现在南仁东鞠躬尽瘁、痴为“天眼”之梦。梦想之大，直抵苍穹；梦想之久，穿越一生。体现在张黎明于高空中守望、于风雨中坚持的工作中。他用手中一串串电线串起了万家灯火，为人民服务，输来电源收获快乐。正如尼采所说：“每一个不曾起舞的日子，都是对生命的辜负。”

他们是时代的骄傲，亦是时代的风向标。他们坚守着自己的岗位，默默无闻无私奉献，把自己的热血奉献给祖国，在自己的大好年华里，他们找准了自己的人生方向，以积极的姿态融入生活，不断创造自我价值的新高度。他们正如鲁迅所说："愿中国青年只是向上走，有一分光，发一分热。"

梁漱溟说："一个人一生都有他的英雄时代，此即吾人的青年期。"与此相反，睡着的、昏着的、玩着的、甘于平凡和囿于情念的青年人岂不可惜？岂不孱弱无能？

一些青年人以"佛系"自居，此消极之态怎担起国之未来？不忘古时仲永，不学不进终泯为众人。我们这一代青年人，当不驰于空想，不骛于虚声，以拼搏书写人生华章，避开"佛系"消极思想，做只争朝夕的行动者，做脚踏实地的实干家。

奥斯托洛夫斯基曾说，一个人回望自己的一生的时候，不应该因为自己的碌碌无为而感到惭愧，也不应该因为自己虚度年华而悔恨。他所推崇的，是为了人类的解放事业而奋斗，是为了实现社会的大同理想而奋斗。这几乎成为那个时代青年人共同的理想和追求。

在我国综合国力日益增强的新时代，许多年轻人不再追求"诗与远方"，也不再沉浸于"鸡汤成功学"，而是开始思考起了努力的方向与奋斗的目标。当代大学生更应该找准自己的定位，将个人利益和国家利益融合在一起，踏踏实实，无私奉献，坚守岗位，做好本职工作，以个人的认真负责来推动国家的发展，以个人的勇于担当、积极进取来创造国家的辉煌，实现自己的人生价值，做有为有志的新时代青年。

"少年心事当拏云，谁念幽寒坐呜呃。"历史证明，青年始终是我们社会中最积极、最活跃、最有朝气的一部分力量。青春当作为，身为大学生的我们理应积极进取，奋进为强国。生活固有苦难，但这都不是我们"佛系"的理由；"微笑着，去唱生活的歌谣。"奋进勇为先，才是我辈青春应有的气质。

拒绝怠惰

陈凯亮
（山东大学数学与统计学院2019级统计专业）

“现在，青春是用来奋斗的；将来，青春是用来回忆的。”正如习近平总书记所说，奋斗过的青春是值得回忆的青春；所以，为理想信念而不懈奋斗才是值得青年人追崇的风尚。

“最擅长的事是睡觉”“最害怕的事是交际”“最理所当然的是拖延”“最忠实的伙伴是手机”“计划的制定大师，执行的嘴强王者”“学习十分钟，CD一小时”“通宵游戏二次元，次日被窝躺一天”……你认为这些标签是好是坏？你身边是否有被贴上这些标签的同学？这样的人是寥寥无几还是比比皆是？而我们自己是不是也或多或少地被别人贴上了这样的标签？或许一开始没人愿意被贴上这些看起来不积极的标签。但是，当身边的某些人开始把这些不好的生活习惯当成一种无可厚非甚至理所当然的事情时，当这种人在身边越来越多时，我们还能清醒地保持自己的初心吗？更多时候，虽然我们内心仍不认同，但是我们的行动已经被潜移默化地影响了。当你开始为自己的慵懒寻找借口，当你开始安慰自己的放纵，当你开始体谅自己的拖延，那么这些标签很可能已经成为你的习惯，甚至已经相伴你过完最宝贵的青春了。

与懈怠慵懒的习惯相比，有使命有担当的仁侠精神，更应当在青年人群中蔚然成风。“时髦”和“潇洒”并不是青春的绝对代名词，“有侠有仁才是青春”。古代的侠客精神不是虚无缥缈的，侠义志士虽在江湖身不由己，却身体力行守卫侠道仁义。当代社会不同于所谓的“江湖”，但是侠客们身上敢于担当、不忘使命的精神不正是我们青年人应该具备的吗？敢于同某些社会不良风气作斗争，敢于同某些扭曲的价值观念作斗争，敢于同某些丑恶的社会现象作斗争，勇于承担青年人的社会责任，勇于担当实现中华民族伟大复兴的历史重任，这不正是我们新时代青年人仗剑天涯的“武侠梦”吗？

侠之大者，为国为民。“莺花犹怕春光老，岂可教人枉度春?”青春是短暂的，更是宝贵的。我们应该珍惜最宝贵的青春，砥砺奋斗，为民族复兴铺路架桥，为祖国建设添砖加瓦。青春不是用来享受的，青年人更不应该有“事不关己高高挂起”的消极处世态度，任何得过且过都将自食其果，“任何孤芳自赏都会陷入越走越窄的狭小天地”。青春的我们更加努力奋斗，未来的中国也就更加美丽富强。一个时代的精神是青年代表的精神，一个时代的性格是青春代表的性格。历史已经赋予了我们重大的使命，我们也应该用我们的奋斗精神和青年品格无愧于我们的新时代！正如习近平总书记所说：“青年时代选择吃苦也就选择了收获，选择奉献也就选择了高尚。”只要我们肯坚定初心，坚持正确的行动指南，艰辛努力，锤炼本领，敢于担当，抓紧宝贵的青春努力奋斗，定将不负青春，不负人民，不负祖国，不负时代！

拒绝手机依赖

孙怡欣

（山东大学翻译学院 2017 级英法双语专业）

继“网瘾”和“低头族”之后，“手机依赖症”成为又一个一经出现就迅速被接受的词汇。为何会出现大学生课堂上的“手机依赖症”？大学生在校学习期间课堂上应该如何合理使用手机？这些问题引发社会各界思考、求解。不少大学课堂采取强制学生课前将手机交出的方式实现“无手机课堂”。此举确实能在一定程度上避免学生上课玩手机，但却忽视了手机辅助教学的功用。在手机功能日益完善的今天，我们不应简单将在课堂上使用手机定性为负面问题。据调查显示，24％被调查大学生认为手机对课堂学习有“积极作用（查找资料、辅助学习等）”。此外，通过强制性的手段亦不能从根本上解决大学生对手机的精神依赖问题，还会造成学生的逆反抵触情绪从而激发学生与学校的矛盾。因而从长远看，这种做法是不可取的。

古语言“堵不如疏”，高校欲解决课堂“手机依赖症”，不能只局限于禁止上课使用手机，而应结合其他措施疏导、指引学生在课堂上正确使用手机。除此之外，高校图书馆应多开展各种形式的读书活动，激发大学生的阅读热情，激发大学生读经典、读古文的热情，重新回归书本这种获得知识的原始形式，从而减弱对手机碎片化信息的兴趣。课堂上高校教师也应更好地掌控课堂，充分发挥学生的课堂积极性，通过启发性思考、引发式提问、趣味式互动，吸引学生兴趣和注意力，以此达到自然“冷落”手机的效果。

AK47 之父卡拉斯尼克夫说过：“枪械无罪，有罪的是扣动扳机的人。”手机本身也只是工具，即使面对“手机依赖症”的顽疾，我们也不能一味“妖魔化”

手机。通过手机和网络,我们可以获取有利于自己学习和成长的各类信息资源;一系列社交工具使我们的沟通交流更加便利,天南地北海内海外的亲人好友仿佛就在身边;各种在线支付软件也使我们的生活更加方便快捷,手机成了“剁手神器”……但是手机这些便利倘若不能得到合理利用,只沉迷于手机娱乐,反而会导致浪费时间、影响学习、降低工作效率。

手机发挥积极作用还是消极作用,主要取决于使用者。“手机依赖症”这一问题的解决归根结底还需要我们自己的深刻反思和切实行动。作为大学生,我们应该从自身学习需要和身心健康出发,选择并培养适合自己的良好手机使用习惯,加强自律,合理使用手机的各项功能,让手机成为课堂上辅助我们学习的帮助者,而不要让自己变成手机的奴隶,荒废青春生命。

向前奔涌的“后浪”不“内卷”

马可云

（山东大学机电与信息工程学院 2020 级计算机专业）

2020 年的“五四”，B 站推出了一个名为《后浪》的演讲视频，在赢得赞美和转发的同时，也招来不少质疑。其中，最大的质疑认为，这终究还是一锅高级“鸡汤”，讲述的都是“后浪”中的精英故事，距离肩负升学、就业和住房等多重压力的“小浪花”的生活过于遥远。其实，这种质疑正是承接了近几年以来在青年中流行的“佛系文化”“丧文化”，与最近“内卷化”一词的滥用如出一辙。

“内卷”是一个舶来词，来自英文“involution”，意指投入与产出之间的比率在不断上升，效率在不断下降。这样，如果不改变模式，未来再多的投入都会变为无用功。本来，这描述的是一个边际效益递减的经济现象，对倒逼增长模式的升级具有积极意义。但是，在成为网络流行语以后被无限滥用。以致被“玩坏了”。网友用过度课外补习的现象来证明教育出现了内卷化，用低效率的加班现象来证明职场出现了内卷化现象，用拼多多的低价竞争现象来证明电子商务出现了内卷化现象，似乎万事万物皆可内卷。

“我们的生活越来越累，离目标也越来越远。”年轻的后浪们感慨，自己奔跑了这么多年却总是上不了岸。原本以为上了大学就轻松了，错了。后来以为考上研究生就万事大吉了，又错了。转而安慰自己工作后就自由了，到头来还是错了。既然前方是看不到头的忙碌，不妨现在就躺下休息。于是，一个奉行“丧文化”的“佛系青年”诞生了。放弃竞争，一切随缘。这些“佛系青年”在听到“奔涌吧，后浪”这样的鼓励时，心里难免心生抵触。

其实，真正的内卷社会离我们还很遥远。当前的中国仍处于高速现代化的进程中，在日新月异的发展中机会比比皆是。虽然，在某些传统行业已经出现了饱和的现象，但是，众多的新兴领域正在为青年提供大展宏图的平台。所谓的“内卷化”，只是因为你不愿意走出自己的舒适区。就学业而言，如果不能实现从知识的接受者到知识的创造者的角色转变，就只能陷入内卷的危机。就事业而言，如果不能实现从机械重复劳动者到统筹创新者的角色转变，也会陷入内卷的危机。其实，只要在不断的成长中持续实现从量变到质变的飞跃，大可不必轻言“内卷”。

习近平总书记在深圳经济特区建立40周年庆祝大会上发表重要讲话，号召“在更高起点上推进改革开放”，永葆“闯”的精神、“创”的劲头、“干”的作风，努力续写更多“春天的故事”，这为“内卷焦虑”开出了良方。只要我们坚定不移地贯彻新发展理念，坚持供给侧改革，与时俱进全面深化改革，锐意开拓全面扩大开放，中国会一直是一块充满生机和活力的大地。身处高速发展变动中的青年后浪们，广阔天地，大有可为。奔涌吧，后浪，不内卷！

让信仰的光辉照亮前路

陈梓钰

[山东大学法学院(威海)2020级党内法规与监察法学特色班]

如果说食物支撑我们的身体不倒,信仰则支撑我们的精神前行。“一个人如果没有坚定的信念,即使在风和日丽的日子走上一公里都唉声叹气,难以坚持。一个人如果有了信仰,即使山高水远,困难重重,也能不惧艰险,勇往直前。”信仰是一种深沉而笃定的精神力量,是对某种理论、形象、目标的坚定信念和强烈信心。有什么样的信仰,就有什么样的价值追求。

我认为,对马克思主义的信仰,对共产主义和社会主义的信念,是当代中国青年之最高信仰。

从小到大,我便不断地为身边的共产党员而感到骄傲和幸福。我看到为保障疫情期间的高考,党和政府几个月前就开始制定预案,往各学校下派督导组,为所有学生提供免费核酸检测;为降低人员流动造成疫情扩散风险,花费大量资金为偏远地区建造核酸检测实验室;健全的社会医疗保障体系减轻了老百姓较高的医疗费用负担;政府相关部门为中小微企业减免租费、税费,国有银行为中小微企业提供低息贷款;为低保户和贫困户提供“两不愁、三保障”兜底保障,即不愁吃、不愁穿和义务教育、基本医疗、住房安全有保障……这些生活中的一点一滴都是共产党人始终不忘初心和使命、将人民放在首位、让老百姓体会更多获得感的具体体现。是的,“中国共产党”并不仅仅是一个政治概念,它与我们每一个中国人的生活息息相关。

如今的青年人中,仍然有人盲目崇拜西方所谓的“自由至上”“民主至上”,有人迷恋“金钱至上”的观念,还有人因为公务员工作辛苦却工资不高而不屑于为人民服务……每当遇到这样的观点我都忍不住想辩驳，他们一边享受着前辈们奋斗出来的美好生活，一边又批判所谓中国社会的“不自由”“不民主”，对这样一个伟大的政党抱有这样那样的不信任。

什么是共产党？在湖南汝城县沙洲村，三名女红军借宿徐解秀老人家中，临走时，把自己仅有的一床被子剪下一半给老人留下了。老人说，共产党就是自己有一条被子也要剪下半条给老百姓的人。

中国共产党一经成立，就把实现共产主义作为党的最高理想和最终奋斗目标。团结带领人民前仆后继、顽强奋斗，把贫穷落后的旧中国变成日益走向繁荣富强的新中国。共产党人筚路蓝缕、烽火硝烟、拼搏奋斗走到今天。我们不能忘记长征路上千难万险，多少年轻的战士用生命保住革命火种；面对西方封锁，无数科学家挺身而出拼尽全力自主研制出原子弹；举全国之力打赢脱贫攻坚战，“全面建成小康社会，一个也不能少；共同富裕路上，一个也不能掉队”，让普通百姓与国家一起富起来。不管在哪一个时期，不管遇到什么困难，中国共产党总是坚定不移与人民想在一起、干在一起，不为自身谋利益，只为人民创幸福。而但凡了解一些中国共产党在短短近 100 年创造的人间奇迹，没有人不会为之感动、为之自豪。

所以我想，中国的青年是幸福的，因为我们在共产党的滋养与保护下茁壮成长；中国的青年更是幸运的，我们会有一个热血澎湃的青春。我更希望，我的一生可以在为共产主义事业的奋斗中度过。

理想信念一经点燃，就永远不会熄灭。正如青年时的马克思所说：“如果我们选择了最能为人类福利而劳动的职业，那么重担就不能把我们压倒……我们的幸福将属于千百万人……”

那些共产党员用生命和热血铸就的奇迹，那些凝固了时间的印记，照亮着当代青年勇往直前的道路，也必将激励我们在新征程上不断攻坚克难，走向新的胜利。

伴信念之歌，攀理想之巅

王力鑫

（山东大学机电与信息工程学院 2020 级计算机专业）

车尔尼雪夫斯基曾说："一个没有受到献身的热情所鼓舞的人，永远不会做出什么伟大的事情来。"理想是山，攀登过后，才能感受到"一览众山小"的喜悦；信念是海，看过之后，才能享受到"海日生残夜"的惬意。人的一生本就是努力奔跑和挑战未知的过程，理想与信念正是"冲关"的强有力的武器。

理想是人们在实践中形成的、有可能实现的、对未来社会和自身发展的向往与追求，是人们的世界观、人生观和价值观在奋斗目标上的集中体现。信念是认知、情感和意志的有机统一体，是人们在一定的认识基础上确立的对某种思想或事物坚信不疑并身体力行的心理态度和精神状态。理想是一种人生的追求，是自身人生观的体现，也是个人努力奋斗的方向。无论你多么慷慨激昂，无论你多么神机妙算，如果没有了理想，便会迷失了方向，磨灭了激情，甚至最终变得浑浑噩噩，被这个时代所淘汰。正如培根所言，"毫无理想而又优柔寡断是一种可悲的心理"。信念正是一个人对待理想所表现的积极又坚定的人生态度。赵鑫珊曾写道："信念不是到处去寻找顾客的产品推销员，它永远也不会主动地去敲你的大门。"一个人的成功绝不是等来的，必然是要主动地选择自己前进的方向并坚定信念，然后"不顾一切"地去追逐、去奋斗、去创造。

社会心理学讲到，学习有时候只改变一个人的态度中思想与信念的成分，而没有改变情感与行为倾向，因此时间一过，态度又恢复原状。理想信念的作用正体现在改变人的情感与行为倾向，从而使我们的学习更有效果。我们今天谈理想信念问题,就是要放眼当今大学生。我们有冲劲、有激情、愿意奉献,愿意积极投入到中国的社会主义现代化强国建设中去。同时,我们也越来越务实了,不愿避开物质空谈精神、离开经济空谈政治、脱离现实空谈理想。我们必须承认的是,即使在主流上大学生是阳光的、充满抱负的,大学校园也同样存在一些错误的乃至愚昧的现象。一些大学生滋生出拜金主义、享乐主义、利己主义和极端个人主义的思想,出现了一定程度的理想危机;有的大学生片面追求享乐,无限制地逃课、作弊,甚至还有少数人走上违法犯罪的道路。这是我们必须注意到并且要及时纠正的问题。

新时代,我们不仅要为了个人理想努力,更要为了实现我们的共同理想而奋斗终生。习近平总书记数次语重心长地对青年人说:“每一代青年都有自己的际遇和机缘,都要在自己所处的时代条件下谋划人生、创造历史。”“广大青年既拥有广阔发展空间,也承载着伟大时代使命。”“广大青年要努力成为有理想、有学问、有才干的实干家,在新时代干出一番事业。”大学生只有树立正确的理想信念,才能形成正确的世界观、人生观和价值观,才能加强自身道德修养,形成优良的道德品质。“千里之行,始于足下。”从现在开始,不要夸夸其谈,定要脚踏实地,强化知识储备,培养顽强意志,保持纯真模样,胸中常怀理想,手里攥起信念,为社会贡献自己的力量!

同少年中国一起，不负芳华

王昊男

（山东大学商学院 2018 级市场营销专业）

一百多年前，江河日下，时代苍凉，在中华民族生死危亡千钧一发之际，梁任公大笔一挥："故今日之责任，不在他人，而全在我少年。"五千年的中华民族，要想涅槃重生，其希望全在我中华少年。于是，"恰同学少年，风华正茂；书生意气，挥斥方遒"。历经无数枪林弹雨的洗礼，中华儿女前仆后继，1949 年新中国成立，崭新的中华民族在世界重新挺起脊梁。

一切在变，一切却又没变。变了时空格局，不变是中华少年捍卫中华民族的决心。国家安危，青年有责，这从来就不是玩笑，这是铿锵有力的誓言，是当代青年对"玫瑰色"中国的最美的承诺。亲爱的祖国母亲啊，无论如何，我一定会用尽身体里的最后一滴血液护您安康，中国少年誓死捍卫中国！

在咿呀学语时，我会被父母抱起，看向阳光斑驳的窗外，那里车水马龙，繁华幸福。"孩子，你可以在任何地方见到祖国，在迎风飘扬的五星红旗里，在慷慨激昂的《义勇军进行曲》里，在红墙之上的国徽里，在绿茵红花里，在每一条街道里，在每一个中华儿女的心里。"从那时起，我的心里便有一粒种子在默默发芽，我有一个责任，守卫这片宁静与美丽。

每每想起，总是感到自豪。因为刚好就是我！上苍最美好的安排，我的第一声啼哭是在这片叫"中国"的土地上，我落地的一刹那，风吹花落，红日朝阳，从此炎黄子孙便是我的另一张名片。我是龙的传人，我即使在海外也拥有庇佑。所有的皆是因为，我的名字叫"中国人"。

抬起头仰望天空，不再是炮火连天，战争的危险已经离我们远去，生活环境越来越安宁幸福，我们的生活充满日益丰富的消费品。但是，这并不意味着中华的少年可以因此一味安逸享受。没有一代人的青春是容易的，没有一代人的青春是不需要奋斗的，昔日周恩来总理慨然发声："为中华之崛起而读书！"今日，中国青年人的心中都铭记着最纯粹的誓言，为捍卫中国而拼搏，吾辈之责。

国际世界云诡波谲，多少双眼睛嫉恨今朝中华民族的崛起，虎视眈眈地找寻机会打压破坏。我们的生活其实并不安宁，我们的祖国母亲还处在危险之中。身为中国未来的接班人，我们要行动起来，踏上前辈的步伐，目睁如虎，身如苍松，步行如风，心坚比石。骄阳万丈，我们去闯，大好江山，我们去扬。今朝为中华少年郎，便唯愿我国云巅之上绽锋芒。

千难万难，披荆斩棘，拥北国辽阔苍茫，赏西域黄沙漫天，吟南岸柳絮飞扬，仰东部红日大光。我们是21世纪的青年，我们沐浴在改革开放的春风中，我们享受着父辈奋斗的成果。但我们要敢问天地试锋芒，南海之争，中印边界冲突，"台独"张狂……愈是艰难，愈要挺起脊梁，发愤图强。我们要敢于发声，我国之领土寸土不丢，我国之主权寸丝不能让。今日努力学习，明日为社会主义现代化建设发力。唯愿2035年，我们的时代，我们的祖国迈向真正的强国。

不再仅仅沉溺于书本，当代少年要走出"一心只读圣贤书"的泥沼，耳闻目达，运用手中的时代"利器"，画出我辈的灵魂乾坤，向世界大声宣告：今日，中国少年愿同中国一起，披荆斩棘，不负年少芳华！

有一种情感，梦绕一生不休，并且注定与日月同光，生生不息。她叫"爱国"，是那种深爱，沉淀心底最深处的情感。有一种勇气，深扎泥土，仰望苍穹，并且注定披荆斩棘绝不退缩，她叫"卫国"，是那种责任，徘徊脑海徐徐不休。

纵有千古，横有八荒，炎黄子孙，岁月悠长。展翅高飞，扶摇而上，为国九万里仗剑，义不容辞。

新时代青年的家国情怀

许　晴

[山东大学法学院(威海)2017 级法学专业]

“要有信仰、有情怀、有担当,树立高远的理想追求和深沉的家国情怀,努力做对国家、对民族、对人民有贡献的艺术家和学问家。”2019 年全国“两会”上,习近平总书记对广大文化文艺工作者、哲学社会科学工作者提出殷切期望,勉励大家坚持与时代同步伐、以人民为中心、以精品奉献人民、用明德引领风尚。

家是国的基础,国是家的延伸。无论从艺还是治学,一个人要想抵达高远的境界,就必然离不开家与国的滋养。从历史到现实,中华民族历来崇尚家国大义,“小家”同“大国”同声相应、紧密相连。在中国人的精神谱系里,国家与家庭、社会与个人都是密不可分的整体。家国,可以说是华夏儿女的精神原乡。

2019 年是新中国成立 70 周年。站在这样的历史节点,回望中华人民共和国不平凡的发展历程,每个人都会感受到爱国的情愫在升腾。从硝烟弥漫、艰苦卓绝的革命战争年代,到一穷二白、筚路蓝缕的建设岁月,再到波澜壮阔、惊涛拍岸的改革时代,无数先锋模范在国家前行的大势中寻找人生价值、标注成长坐标。亿万人民振奋精神、接续奋斗,将个体价值的实现与国家民族的命运联结在一起,投身于实现民族复兴的历史洪流,为家国情怀写下最生动的注脚。

家是温馨的港湾、情感的归宿,千千万万个小家都好,国家和民族才能好。家庭是人生的第一个课堂,也是家国情怀的根基所在。在步履匆匆的返乡途中，在“爸妈装的行李箱”中，在难改的乡音中……人们感受家的温暖，体悟家的意义，真诚感叹“有家真好”。但不要忘记，国家好、民族好，家庭才能好。无论是《大学》中“修身齐家治国平天下”的成德次序，还是“老吾老以及人之老”的爱意延伸，由私而公的家国情怀，一直是中华传统文化所倡导的价值理念。每个人孝亲敬长、安居乐业，每个家庭都为中华民族大家庭作出贡献，才能集腋成裘、聚沙成塔，汇聚成同心筑梦的强大力量。

爱家不能小家子气，更不应局限于小情怀、小浪漫之中。不久前，公益短片《家国与边关》在全国上万家影院播出，感动了无数观众。在海拔 5380 米的神仙湾、最低气温达零下 60 摄氏度的伊木河，边防战士与恶劣环境、枯燥孤寂搏斗，哪怕过年不能回家、难与爱人相聚，也无怨无悔，只因脚下站立的地方是祖国。他们用青春证明：最浪漫的不是花前月下，而是忠诚信念；最感人的不是卿卿我我，而是以身许国。现实中，边防战士、执勤交警、电力工人、外卖小哥……一颗颗普通的“螺丝钉”、一块块寻常的“铺路石”，坚守平凡岗位，守护万家灯火。而这，何尝不是对家国情怀的有力诠释。

“没有国家繁荣发展，就没有家庭幸福美满。同样，没有千千万万家庭幸福美满，就没有国家繁荣发展。”读懂家与国的辩证法，涵养深沉的家国情怀，我们就能把爱家和爱国统一起来，汇聚亿万人民的智慧与热忱，用奋斗托举美好未来。

芳华系家国，山河谱长歌

贾敬欣

（山东大学翻译学院2018级英德双语专业）

前段时间，偶然发现了姥爷年轻时候的旧照，那时的他，身着一身军装，英气逼人，意气风发。那张黑白照片边角已经被磨破，有的地方也褪了颜色，却始终被他小心翼翼地夹在钱包里，随身带着。直至今日，他似乎都对部队、对昔日的军旅生活有着一份近乎狂热的忠诚。我从小是跟姥爷长大的。小的时候，他教会我的第一首歌是国歌，第二首歌就是中国人民解放军军歌。这两首歌，也是我的记忆里姥爷能够完整唱完的仅仅的两首。

我之前一直在想，为什么军人能够有如此坚定的信仰，以至于对国家对人民的那份赤诚能够融入血液，刻入骨髓，伴随着一个人一生的思维方式和行为习惯；以至于直到退伍四十多年后，姥爷依旧能够保持着那份坚定与执着，将两首于他而言最为重要的歌曲唱得如此铿锵？

我从未问过他的责任，也许，他的责任就如同千千万万的中国军人一样，保家卫国，戍边守疆。我也很少能够明确我的责任，也许，我的责任，也如同千千万万的学生们一样，安心学习，早成栋梁。可是和他相比，我显得那样渺小：既不能在国家安定时巩固国防，亦不能在国家危难时征战沙场。我没有那身戎装，也不知道当我白发苍苍时，是否能像他一样，有一张值得一生去珍藏的旧照让我回望。

我是山东大学威海校区翻译学院的一名普通的大学生，我平凡得在茫茫人海里一回头都可能找不到。可我也知道，“再小的个子，也能给沙漠留下长长的身影，再小的人物，也能让历史吐出重重的叹息”。如今之中国，同样需要我辈青年担负起责任，在此，我却不愿说大而空的话语，我所写下的，便是我愿写下的最真实的言语。

在我看来，我辈青年责任便在于守住信仰。“国民”便是国之民，若将自己囿于一方的小天地中，那便如井底之蛙，穷尽一生都找不到价值所在。因此，再平凡的个体依然要有大情怀，依然要有最坚定的信仰。当今大学生中，不乏萎靡不振者、无所事事者。试问：国家若真处于危难之际，这样的青年能够承担得起国家的重任吗？因此，若想担负起国家的安危重任，需端正心态，重拾浩然之气，找回青年人应该有的样子，留住青年人的信仰。我们要成为的不是一介书生，而是文能治国、武能安邦的全能之才，国家安我们能守，国家危我们亦能战。而若要使自己成为这样的人，唯一途径就是把握好当下，在自我完善中走向强大。

中国精神与榜样的力量

屠惜缘
（山东大学东北亚学院 2018 级朝鲜语专业）

“中国精神”，是苏轼的“古之立大事者，不惟有超世之才，亦必有坚忍不拔之志”；是鲁迅的“我以我血荐轩辕”；是“为天地立心，为生民立命”的担当精神；是“苟利国家生死以，岂因祸福避趋之”的奉献精神；是“我自横刀向天笑，去留肝胆两昆仑”的无畏精神；更是“雄关漫道真如铁，而今迈步从头越”的奋发精神。所梦所想，百年一脉，代代传承，生生不息。

为国家作出贡献的人，在生活中闪耀真善美光芒的人，都是“中国精神”的践行者。从“问苍茫大地，谁主沉浮”的青年毛泽东、“为中华之崛起而读书”的少年周恩来，到雷锋、“铁人”王进喜，再到如今的黄大年、林俊德等人，时代在变，但不变的是绵延不息的中国精神与榜样的力量。从让生命之花绽放在炮火里的董存瑞，到使“黄沙遮天日，飞鸟无栖树”的塞罕坝荒原变成如今“桃杏万园红”林场的青年建设者；从履行航空报国诺言猝然离世的总指挥罗阳，到坚守文物修复保护第一线的大国工匠李云鹤，一代又一代有志青年秉承着中国精神，用生命奏响青春力量，延续精神希望。不管是经年累月的坚守，还是刹那华光的选择，他们都让我们钦佩、感动。在平凡或不凡的人生答卷上，他们书写下对人生意义最宝贵的回答，也标绘出我们这个时代前行的精神坐标。

“夫一国之立于天地者，必有其精神之指引。上至法律道德，下至风俗习惯，凝聚万心之力，然后群乃结，国乃成。”梁启超如是说。中国由“站起来”“富起来”到“强起来”的历程，离不开那些生活中闪耀着真善美光芒的人、那些为国作出贡献的人、那些时刻践行中国精神的人。传承中国精神是一场接力跑。

如今，时代接力棒交至我们年轻一代手中，我们更应不辱使命，本着“功成不必在我，功成必定有我”的决心与“虽千万人吾往矣”的气概，时刻扬起“中国精神”的风帆。

时代巨轮滚滚向前，中国精神生生不息。践行中国精神的铿锵宣言回荡在山之阳、海之滨、河之洲、水之湄。面对新时代、新征程，年轻一代的我们当将中国精神一以贯之，忠于祖国、忠于人民，将自己的理想同祖国的前途、自己的人生和民族的命运紧密联系；立鸿鹄志、做奋斗者，为实现中华民族伟大复兴的中国梦顽强拼搏；求真学问、练真本领，在求知的路上丰富学识、增长见识；知行合一、做实干家，把青春梦想耕种在祖国沃土上。做走在时代前列的奋进者、开拓者、奉献者，做合格的社会主义建设者和接班人，传承中国精神，谱写青春华章！

热血青春洋溢,中国青年勇担当

刘春龙

(山东大学机电与信息工程学院 2019 级通信专业)

我非常喜欢的一部电视剧是《亮剑》,每当看到只剩自己一人的骑兵连连长孙德胜迎着夕阳,高喊了最后一句“骑兵连,进攻!”;每当看到为拖住敌人进攻而伤亡殆尽的八路军小部队点燃了最后的炸药包,手拉着手唱起了八路军军歌;每当看着团长李云龙顶着丧妻之痛含泪怒喊的一声声“开炮!”……这一刻,我的心仿佛在燃烧;这一刻,我明白这不仅仅是个电视剧,这是中华儿女十四年抗战的缩影,他们是真正的英雄!

那时的他们风华正茂,甚至正是我们现在的年纪,却早已有了为国捐躯的决心,他们告别了父母,拿起了手中的武器,纷纷涌入了这场民族抗战的潮流。“大地英雄气,千秋尚凛然。”当战场的冲锋号响起,这些青年们迎着呼啸而过的子弹发起了无畏的冲锋,他们义无反顾地担起了家国责任。

前辈们浴血奋战,为我们带来了一个崭新的时代——一个繁荣昌盛的新中国。路是脚踏出来的,历史是人写出来的,他们用青春书写了一个人民站起、国家独立的壮丽史诗,而身处盛世的你我,又为何不能尽己所能谱就一个国富民强、科技腾飞的新时代?

习近平总书记曾说过:“有信念、有梦想、有奋斗、有奉献的人生,才是有意义的人生。”对于我们来说,学好所学,用好所学,才不负国家、学校的培养,才对得起青春一场。当今的时代是一个暗流涌动的时代,大国关系日益敏感,而各尖端技术领域成为大国博弈的主战场。“广大青年是国家重要的后备军。”今天的你我还难以有惊天动地的成就,但我们岂能妄自菲薄?我们又怎能甘心随遇而安？心有理想，路在前方，“抬眸四顾乾坤阔，日月星辰任我攀”，这才是新时代中国青年该有的精神面貌。还记得前些天盛传的华为“天才少年”吗？许许多多人只为他们 201 万的年薪感到艳羡，却不知是他们主动放弃了更好的就业机会选择了华为。用张霁的话说，最近华为在国外受到所谓的“制裁”，他只希望自己能在华为最困难的时候，尽自己最大能力去做一些有意义的事。这不正是中国青年的家国担当吗？

“看似寻常最奇崛，成如容易却艰辛。”一个人真正的敌人永远是他自己。当有一天所有中国青年放下对明星八卦激烈的讨论转而关心国家社会现状，当有一天所有学生放下手中游戏转而拿起手中的学习资料发奋研究，我想，青年人才真正懂得了何为勇担重任，何为家国情怀。习近平总书记说：“时代是出卷人，我们是答卷人。”你我青年人正是国家的生力军，我们肩负的，是国家的希望和未来啊！

心中有阳光，脚下有力量。青春有多大价值，取决于青年有多大作为。建功新时代，在新时代大展身手，是当代青年的人生际遇，也是我们最大的人生考验，未来终要靠青年来创造。在这个伟大的时代里，你我广大青年应当用火热的心点燃青春激情，用实际行动勇担家国重任，不负前辈，亦不负你我青春好年华，迈步向前，走在时代前列，以奋进者、开拓者、奉献者的姿态，开创自己与国家的未来，切实肩负起推动中华崛起、富民强国的重任。

青年正当时，复兴担己任

刘一涵

（山东大学机电与信息工程学院 2020 级计算机专业）

回首历史，如滔滔江水，转眼而过。多少仁人志士在历史的大幕上挥毫作画，写下了豪迈的诗篇。匡衡凿壁官居两朝宰相，车胤囊萤映雪，终究学有大成，孙敬悬梁终成一代纵横家，苏秦刺骨得配六国相印。百年前，那“外争主权，内惩国贼”的壮喝如平地惊雷，使中国于千年与困顿中觉醒。无数青年人以独有的姿态承担起家国社会的重任。

岁月骛过，山林漫远，站在时代的最前沿，你可曾回眸？中科学子刻苦钻研研究出超导材料，震撼世界，却拒绝众多国际机构邀请毅然回国。南仁东深入深山数十年，终成国之重器，“天眼”美目流殇。泱泱华夏，我辈青年身体力行，铸就多少辉煌，“玉兔”登月，“蛟龙”下海，西域通口岸，南沙点蔚蓝，“东风”浩荡。疫情肆虐，“90 后”“00 后”白衣天使用凡人之躯在荆楚大地写满诗句。南山之外，还有“南山”，构筑疫情的防线，助力祖国傲人的战“疫”成绩。

从不觉得一个人的努力微不足道，就像一颗颗石头是渺小而简单的，但他们组成的金字塔却伟大而永恒，正如每个家庭小小的梦想组合起来就是中华民族的复兴之梦、强盛之梦。鲁迅先生曾说：“只要能培一朵花，就不妨做做会朽的腐草。”我身为华夏子孙，享受这盛世红利，百死无悔也决意接过火炬，并持坚定理想信念，将自我系祖国，以己力祝复兴。正在读书的我们，亦担负着国家的时代新使命。时代的大旗已经交到了我们的手上，中华民族复兴是每一位中华儿女最朴实的心愿，担当复兴大任是每一位中华儿女最切实的实践，我们希望，冀以尘雾之微补益山海，萤烛末光增辉日月。不忘圆明园伤痕累累的废墟，不忘南京大屠杀未干的血迹，警惕叙利亚今日的战火，守护中国和平的未来。不驰于空想，不骛于虚声，勇敢地接起时代所给予的接力棒，奏响新时代的号角，担当起民族复兴大任，与党和国家共同书写中国发展新未来。

而我们的确也在创造着时代。十八九岁的年龄，我们关心国家大事，也关心粮食和蔬菜，我们知道太平洋洋流流向，也知道怎么用锄头锄草，我们抬头凝望远方，也低头扎实走路，我们了解历史，更努力展望未来。我们是国家发展、民族振兴的未来和希望，一条更广阔、更坚实的路，正在向更远的地方伸展，我们时刻准备着踏上这条路，看看远方的天，握住远方人的手。

和我一样的青年，请珍重地描写吧，时代正翻着书页，请你着笔，国家正滚滚向前，待你用青春奏响复兴华章。

写在后面的话

对于《仁侠青春》第二辑的结集出版，我一直有些犹豫。其中最重要的原因在于，几年来，“仁侠青春”公众号的建设并没有取得明显进展。在很大意义上，只是还在延续而已，我甚至不止一次地想过不再持续建设它。

想打退堂鼓的原因，不排除它对时间和精力的消耗。身为一名高校一线教师，持续建设一个公众号，的确相当“不经济”。当发现自己曾经关注、认真阅读其每一条消息并热切盼望其不断发展壮大的几个公众号停止了更新，我私下里认为时间的耗费大概是主要原因。但是，那个曾经一而再、再而三地让我对这个工作产生怀疑的，更主要的是因为看到了过大的“功利”这两个字。作为一名讲授“马克思主义基本原理”的教师，我自己应该是能够辩证地看待功利取向的。而且，公众号的建设本身，也考虑到适度功利追求的正面效应。为了鼓励大家思考、投稿，我们将公众号用稿情况与思政课平时成绩作了一点点关联：每采用一篇稿件，加思政课平时成绩2分，并限定了本项最高加分为6分（学分高的“概论”课程本项最高加分为4分）。这样一个安排的“双刃剑”效应十分显著。稿源数量从不匮乏。偶尔遇到因为工作头绪太多，隔一周才去查看投稿邮箱，这时候往往会看到有50多封未读邮件，其中还包含一封邮件投稿多篇的情况。这个公众号并不精彩。我也经常看到类似这样的话：“本文不代表网站立场，仅代表作者本人观点。”我能够理解这样的声明对当下的网站建设来说，也许是必要的。只是，我自己从来都没有认可过这样的话。之所以要建设这个公众号，就是因为我想用自己微不足道的力量呼唤那种对生活的坚韧，对英雄、对祖国、对人民最朴实的情感，对青春的深入思考和热爱。这在同学们的投稿中并不多见。有时候，我想借用这个公众号引导同学们去看一些影视剧，比如《横空出世》，比如《功勋》。我就尝试通过不同方式进行观后感征稿。果真，投稿邮箱里就出现了一些相关的稿子。专题征稿，我更想强调的是引导，并不怎么追求文采。可是，有些稿件至少在文字上看，只是在网上检索了相关情节拼凑来的，完全不能体现作者本人的观众身份和体验。相当一部分投稿是冲着平时成绩加分来的。有时候我会收到诉说因为投稿未被采用而产生焦虑的邮件。2020年初，新冠疫情汹汹而来，考虑到同学们因疫情未能返校，投稿被拒可能使他们背负一些额外的负面情绪，权衡再三，那个春季学期，公众号没有进行征稿。因为工作繁忙，加上意志力非常有限，在公众号推送文章方面，我存在很多的不及时和遗漏。在推送文章的选择上，我却表现得相当执拗。可以说，"仁侠青春"公众号推送的每一篇文章，都有我想要传达的信息和观念，都代表我的立场。

最终坚持了下来，而且极大概率恐怕还要继续坚持下去的原因，在习近平总书记"'大思政课'我们要善用之，一定要跟现实结合起来。上思政课不能拿着文件宣读，没有生命、干巴巴的"嘱托之外，还有一些琐碎的经历，我想记录在这里，首先激励自己。如果能再多激励一些人，自然更是喜出望外。

其一是与一位同学的聊天。一天下课后，不记得是怎样跟一个同学聊到了"仁侠青春"公众号，他说："我的稿子全部投中了，而且，在我的指导下，其他同学投的稿子也都投中了！"那位同学是自豪的。说实话，得知这个情况的我，也是自豪的。这是我期待的结果：这个公众号有它自己的追求、有它自己的风格。让大家喜欢它是更高的期待，先让大家了解它才是最基础的。有的同学一个学期投稿十几篇，一篇也没有被录用，发出了"这个很难办"的感慨，其实恰恰是不了解它。的确，它是需要同学们有开阔一些的视野和清晰一些的逻辑，但是，它绝不要求同学们是外交家、战略家、理论家；它是需要同学们有深沉的家国情怀，需要同学们抒写青春的昂扬，但是，它绝不要求同学们是演说家。它最期待看到的是一种朴实朴素的情感。朴实朴素，说起来的确很平凡；但是，细想起来，又未免不崇高、不稀缺。2019年9月29日上午，在国家勋章和国家荣誉称号颁授仪式上，习近平总书记恰恰就是用"忠诚、执着、朴实"概括了英雄的品格。这是每一位中华儿女崇尚英雄、学习英雄的重要内涵，也应该成为大学生的追求。

其二是与一些同学的聊天。建党百年庆典前几天，中央电视台海采节目"共产党员是谁"来学校拍摄我们学院吴文新教授讲课的镜头，正好遇上我的班级上课，因为拍摄的需要，我和一部分同学转移到教室外一段时间。在这段难得的时光里，我既小心又大胆地跟几个女生谈起了头发颜色的问题。我其实深知自己不懂潮流、不懂时尚，深知自己与青年人有代沟，深知相当一部分大学生不爱听不同意见。讨论这个问题，本身是大胆的。而为了讨论能够真正展开，我语气上、节奏上又的确是小心的。在我看来，这次讨论很成功。我自己感觉我丝毫也没有被她们讨厌。相反，她们的语气、神情处处透着真诚，她们的回答也很坦率："我们年轻嘛，想多尝试一些。""染成这个颜色，其实我也不觉得好看，可是既然已经染了，就等等它，再染回来，也是折腾。"我关于这段时光的记忆，现在、以后和未来，应该都是深刻的。不仅因为我们学院的名字、老师的名字第一次登上中央电视台，还因为那次我聊天，让我真切地感受到充分沟通的稀缺和必要，感受到自己对于大学生还是接触、了解得太少了！有这样一个公众号做平台和中介，我总是可以多一个通过文字了解他们的窗口。当然，更值得也更需要思考的是，如何把"年轻，想多尝试"的特质更多地引导到"伟大事业"中来。

其三是同学们的文字带来的触动。前文的确提到，"对生活的坚韧，对英雄、对祖国、对人民最朴实的情感，对青春的深入思考和热爱"在同学们的投稿中并不多见。但是，不多见不等于不见。闪光的东西，有时并不需要太多，就能照亮人、鼓舞人。能够遇到它、抓住它、传播它，是我的幸运。李梦真同学在《一条大河波浪宽》中写道："2019 年 5 月 17 日，CCTV 6 电影频道应观众要求，临时改变播出计划，在晚间黄金时段播出抗美援朝电影《上甘岭》，引起轰动。时隔多年，《我的祖国》的旋律再一次响彻黄河上下、大江南北。在 2019 年 5 月 13 日的新闻联播刊播《国际锐评：中国已做好全面应对的准备》四天之后，《上甘岭》的播出颇有深意。而《我的祖国》更唤起了国人的集体记忆，激发了广泛的爱国热情。微博上、网站上，铺天盖地的留言弹幕都表达着对祖国的热爱和抵抗的决心。"付小庆同学在《人民，唯有人民》中写道："从未像今天这般对毛主席这句话有如此之深的认同。一直以来，我只是从历史书上得知中国共产党凭借密切联系人民群众的独特政治优势赢得了胜利，我没有办法切实地体会到那时人民的力量究竟如何强大，如何能成为党坚实的后盾。今天，中美贸易战让我们真正看到了人民的强大力量。"每每看到这样的稿件，我总是会在内心深处生长出一种"谁说青年不可爱"的倔强。这种倔强，是弱化甚至治愈其他冲击和伤害的一剂良药。

在纪念五四运动100周年大会上，习近平总书记指出："历史深刻表明，爱国主义自古以来就流淌在中华民族血脉之中，去不掉，打不破，灭不了"，"只要高举爱国主义的伟大旗帜，中国人民和中华民族就能在改造中国、改造世界的拼搏中迸发出排山倒海的历史伟力！"总书记嘱咐我们要主动走近青年、倾听青年，做青年朋友的知心人；要真情关心青年、关爱青年，做青年工作的热心人；要悉心教育青年、引导青年，做青年群众的引路人。持续建设这个公众号，也算是牢记嘱托的一点点行动。对我个人而言，在现有的其他工作之外，至少目前，我还没有发现更好的践行方式。那就持续下去吧。

感谢我的硕士研究生郑夏童、王月圆、王可欣和赵伶俐同学。第一辑出版以后，是这几位同学接手了公众号的美编工作。我录用、修改了稿件，发给她们的时候，往往是午休时间或者晚上十点之后，她们总是毫无怨言地去寻找配图，耐心编辑并及时推送。特别要感谢赵伶俐。伶俐人如其名，尤其在处理一些事务性问题时能力相当突出。2021年5月，她接手编辑事务以后，经常给我一些合理的建议，并最终落实。第二辑的稿件整理工作，也大多是在她的帮助下完成的。她让我明白，在公众号建设方面，我技术上太落伍，精力投入也远远不够。

感谢山东大学出版社的编辑老师们。《仁侠青春》公众号的稿件来源、性质甚至导向都决定了其文字难免激情有余而严谨不足，是编辑老师的工作，使得这本小书呈现在读者面前的时候，已经尽可能减少了原稿很多不够严谨的表达以及其他的偏颇和不足。

郝书翠

2021年12月